POLYGLOTT

SÜDFRANKREICH

ON TOUR

DIE AUTOREN

MANFRED BRAUNGER

machte nach dem Studium der Politologie, Soziologie und Ethnologie seine Reiseleidenschaft zum Beruf. Er ist Autor diverser Reiseführer, Bildbände und Zeitschriftenartikel. Zwischen seinen Reisen nach Frankreich lebt er in Freiburg im Breisgau, einen Katzensprung von der Grenze entfernt.

MURIEL BRUNSWIG

ist ebenfalls in Freiburg zu Hause, wo sie schreibt, Reisen organisiert und Kochkurse gibt (www.murielbrunswig.de). Sie übernahm die Aktualisierung des Bandes und verfasste den Text für »Südfrankreich persönlich«.

Unser E-Book-Code zur elektronischen Erweiterung des POLYGLOTT on tour. Das kostenlose E-Book enthält die im Reiseführer aufgeführten Adressen entlang der Touren beispielsweis… und Hotel-… vereinfache…

WWW.P…

SYMBOLE ALLGEMEIN
Erstklassig: Besondere Tipps der Autoren
Seitenblick: Spannende Anekdoten zum Reiseziel
Top-Highlights und Highlights der Destination

TOUR-SYMBOLE

1	Die POLYGLOTT-Touren
6	Stationen einer Tour
A1	Die Koordinate verweist auf die Platzierung in der Faltkarte
a1	Platzierung Rückseite Faltkarte

PREIS-SYMBOLE

	Hotel DZ	Restaurant
€	bis 80 EUR	bis 10 EUR
€€	80 bis 150 EUR	10 bis 30 EUR
€€€	über 150 EUR	über 30 EUR

ZEICHENERKLÄRUNG DER KARTEN

- (Seite=Kapitelanfang) beschriebenes Stadtviertel
- 10 E h Sehenswürdigkeiten
- 4 Tourenvorschlag
- Autobahn
- Schnellstraße
- Hauptstraße
- sonstige Straßen
- Fußgängerzone
- Eisenbahn
- Staatsgrenze
- Landesgrenze
- Nationalparkgrenze

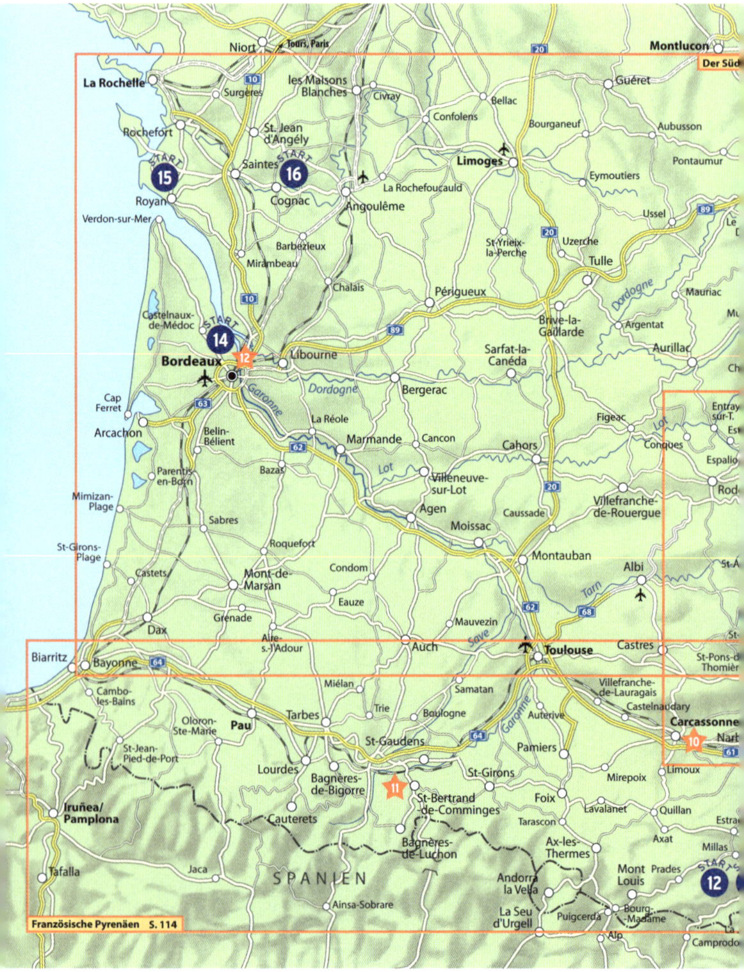

Perfekte Planung > Parallel vordere Klappe aufschlagen

TOP-12-HIGHLIGHTS

1. GORGES DU VERDON > S. 62
2. MONACO-VILLE > S. 69
3. CORNICHES > S. 70
4. NIZZA, STADTTEIL CIMIEZ > S. 72
5. GRASSE, ALTSTADT > S. 77
6. MONT VENTOUX > S. 92
7. AVIGNON, PALAIS DES PAPES > S. 93
8. PONT DU GARD > S. 100
9. CAMARGUE > S. 101
10. CARCASSONNE, CITÉ > S. 113
11. ST-BERTRAND-DE-COMMINGES > S. 124
12. BORDEAUX, ALTSTADT > S. 132

Im Hafen von Cannes, Treffpunkt des internationalen Jetsets, ankern einige der exklusivsten Luxusjachten der Welt

TYPISCH

SÜDFRANKREICH IST EINE REISE WERT!

Weltberühmte Maler entdeckten Frankreichs Süden, lange bevor sich die Region zur attraktiven Urlauberdestination entwickelte. Ganz zufällig geschah dies nicht: Der Landesteil zwischen Côte d'Azur und Atlantikküste zählt zum Besten, was die Grande Nation zu bieten hat.

MANFRED BRAUNGER
machte nach dem Studium der Politologie, Soziologie und Ethnologie seine Reiseleidenschaft zum Beruf. Er ist Autor von diversen Reiseführern, Bildbänden und Zeitschriftenartikeln. Zwischen seinen Reisen nach Frankreich lebt er in Freiburg im Breisgau, einen Katzensprung von der Grenze entfernt.

Unbeeindruckt vom einsetzenden Platzregen blickt der von Grünspan überzogene Literaturnobelpreisträger Frédéric Mistral auf der Place du Forum in Arles von seinem Podest in die Blätterkronen der Platanen. Mit einem kurzen Spurt rette ich mich unter eine dotterfarbene Markise ins Trockene, die Tische und Stühle überspannt. »Café La Nuit« steht in großen Buchstaben an der sonnenblumengelben Rückwand. Der rubinrot leuchtende Rosé, den

Im Werk von Paul Cézanne spielt die Montagne Ste-Victoire eine zentrale Rolle

der Kellner auf meinen Tisch stellt, passt in den provenzalischen Farbenreigen. Kein Wunder. Wo ich sitze, verbrachte vor über 120 Jahren Vincent van Gogh seine Arbeitspausen beim einen oder anderen Glas Absinth. 1888 pinselte er seine Stammkneipe auf Leinwand und schuf damit eines seiner bekanntesten Werke. Ich habe das Gemälde als Postkarte bei mir, um Vergleiche anzustellen. Die Ähnlichkeit ist frappierend und erklärt, warum das Café trotz zweifelhafter kulinarischer Qualität stets regen Zulauf hat.

Frédéric Mistral widmete sein Leben der provenzalischen Volkskultur

Das schattenlose Licht, die klaren Farben und der vom Mistral wolkenleer gefegte blaue Himmel Südfrankreichs schlugen nicht nur das niederländische Malergenie in Bann. Schon vor Jahrzehnten begann ich Winkel und Gegenden zu erkunden, in denen Frankreichs Künstlerelite Staffeleien aufbaute oder in Ateliers den unvergleichlichen Zauber der Region mit Pinsel und Farbe auf Leinwand festhielt. So wie im Filmgeschäft Locationscouts nach passenden Drehorten Ausschau halten, vertraue ich Malern mit Gespür für das Augenscheinliche, wenn ich selbst auf der Suche nach Motiven bin (wobei ich meine Bilder nicht auf Leinwänden, sondern auf Speicherkarten mit mir herumtrage).

Wenn mir der Rummel in Aix-en-Provence trotz historischer Altstadtgassen und regionaler Köstlichkeiten auf dem Bauernmarkt zu viel wird, mache ich mich auf den Weg ins östliche Umland. Schon vom Stadtrand aus ist das schroffe, graubleiche Bergmassiv der Montagne Ste-Victoire auszumachen, das Paul Cézanne hundertfach so malte, dass man wilden Lavendel, Rosmarin und Kiefernharz auf seinen Bildern fast zu riechen glaubt. Von Pablo Picasso wird erzählt, er habe sich mit dem Gedanken getragen, die Montagne Ste-Victoire zu kaufen. In den letzten zweieinhalb Lebensjahrzehnten lebte und arbeitete er an seiner geliebten Côte d'Azur, wo sich der Wandel zum touristischen Hotspot erst anzubahnen begann. Viel Fantasie brauche ich nicht, um mir vorzustellen, wie ihn der Wellenschlag an der Promenade von Cannes, das außergewöhnliche Licht und die seidige Meeresluft zu seinen Werken beflügelten. Lang her scheinen die Zeiten, als der weltberühmte Künstler unter einem ausladenden Strohhut mit Dackel Lump an der Leine am Hafen von St-Tropez spazieren gehen konnte wie einer unter vielen. Heute reibe ich mir verwundert die Augen darüber, wie unverhohlen sich Goldkettchen tragende Geldaristokraten und Jetsetter auf millionenteuren Jachten dem gaffenden Fußvolk zur Schau stellen.

Das Fischerdorf Collioure ist die Geburtsstätte des Fauvismus

Als Picasso 1919 seinen ersten Urlaub an der Côte verbrachte, hauchte der kranke Impressionist Auguste Renoir in seinem Landhaus Les Collettes in Cagnes-sur-Mer eben sein Leben aus. Von der Terrasse des heutigen Museums präsentiert sich mir ein mit knorrigen, altersgebeugten Olivenbäumen bestandener mediterraner Garten, der den rheumakranken Künstler vielleicht zum duftigen Farbenspiel mancher seiner Werke angeregt hat.

Der Blick auf den strahlend blauen Meeresstreifen am Horizont hat sich mir ebenso ins Gedächtnis gebrannt wie das Panorama, das sich mir an der Plage Boramar mitten in der 3000-Seelen-Gemeinde Collioure an der Côte Vermeille über ein Eisbechergebirge mit Sahnegletscher hinweg bietet: Zum Greifen nah ein sandiger Flecken Badestrand, an dem die müde Hafenbrandung leckt, links die Kirche Notre Dame des Anges, die mit ihrem aus Naturstein gemauerten Turm eher an eine Festung erinnert, rechts das alte Château Royal, hinter dem sich die grünen Pyrenäenhöhen bis in das spanische Katalonien erstrecken. Angesichts der Postkartenszenerie würde ich mich wundern, wenn Künstler wie Albert Marquet und André Derain nicht auf die Idee gekommen wären, die Bilderbuchgemeinde in eine Künstlerkolonie zu verwandeln.

Im Westen von Collioure ruft mir die akkurate Geometrie der sich bis fast an den Atlantik ausdehnenden Rebgärten ins Gedächtnis, dass der Süden Frankreichs neben optischen Preziosen auch um »geistige« Werte nicht verlegen ist. Vermutlich haben edle Tropfen aus dem Languedoc-Roussillon und der Region um Bordeaux Kunstschaffenden schon immer kreative Geistesblitze beschert …

WAS STECKT DAHINTER?

Die kleinen Geheimnisse sind oftmals die spannendsten. Hier werden die Geschichten hinter den Kulissen erzählt.

WIESO HÄNGT ÜBER MOUSTIERS-STE-MARIE EIN GOLDENER STERN?

Über der Schlucht von Moustiers-Ste-Marie hängt an einer fast 200 m langen Kette ein goldener Stern zwischen den Felsen. Er soll sich schon seit Jahrhunderten dort befinden und wird immer wieder erneuert. Um seine Herkunft ranken sich zahlreiche Legenden – einige verweisen auf Liebesgeschichten, andere auf den Templerorden. Die plausibelste Erklärung besagt, dass ein heimkehrender Kreuzritter den Stern zum Dank dafür anbringen ließ, dass er nach langen Jahren der Gefangenschaft im Heiligen Land endlich seine verloren geglaubte Heimat wiedersehen durfte. Sie gibt aber keine Antwort auf die Frage, wie man die Kette in solcher Höhe befestigen konnte …

WESHALB WIRD NÎMES AUCH ALS HEIMAT DER JEANS BEZEICHNET?

Im 18. und 19. Jh. entwickelte sich Nîmes zu einem bedeutenden Zentrum der Textilproduktion. Der hier produzierte Serge de Nîmes, ein weicher und gleichzeitig widerstandsfähiger Stoff, war gefragt und wurde in viele Länder exportiert. Besonders in Amerika fanden die Stoffe aus Nîmes (de Nîmes = Denim) reißenden Absatz: 1849 brach in Kalifornien der Goldrausch aus und die Goldgräber benötigten bei ihrer harten Arbeit strapazierfähige Kleidung. Der deutsche Auswanderer Levi Strauss verarbeitete Denim in San Francisco zu jenen an den Taschen mit Nieten verstärkten Hosen, die dann ihren Siegeszug rund um den Globus antraten. Den Namen Jeans verdanken sie der Hafenstadt Genua (frz. Gênes), von der aus die Kaufleute den Stoff nach Amerika exportierten.

WARUM STEHT BEI NOTRE DAME DE LA GARDE IN MARSEILLE EIN PANZER?

Der Hügel, auf dem sich die Kathedrale erhebt, war als höchster Punkt der Stadt im Zweiten Weltkrieg hart umkämpft, wovon noch heute Einschussspuren zeugen. Starke deutsche Verbände hatten sich hier oben verschanzt, gegen die die Résistance nichts ausrichten konnte. Erst am 28. August 1944 rückten freifranzösische Verbände in die Stadt ein, denen es schließlich gelang, Marseille zu befreien. Der heute auf der Place du Colonel Edon abgestellte Panzer Jeanne d'Arc wurde während der Kämpfe von der deutschen Artillerie zerschossen. Alljährlich am 28. August findet um ihn herum eine Gedenkveranstaltung zur Erinnerung an den Tag der Befreiung statt.

50 DINGE, DIE SIE ...

Hier wird entdeckt, probiert, gestaunt, Urlaubserinnerungen werden gesammelt und Fettnäpfe clever umgangen. Diese Tipps machen Lust auf mehr und lassen Sie die ganz typischen Seiten erleben. Viel Spaß dabei!

... ERLEBEN SOLLTEN

1 Schnupperkurs Nach kurzer Einführung in die Kunst der Parfümherstellung darf man sich bei Galimard in Grasse › S. 77 aus über 100 Essenzen seinen eigenen Duft mischen (tgl. 10, 14, 16 Uhr, 2 Std., 53 € inkl. 100 ml Eau de Parfum).

2 Das Glück der Erde ... Sie leben halbwild, geben sich aber zahm: die weißen Pferde, auf deren Rücken sich in der Domaine de la Palissade P10 ein noch ursprüngliches Stück Camargue entdecken lässt (13129 Salin de Giraud, www.palissade.fr).

3 Radtour durch Reben Bei den geführten Touren von Baja Bikes lernt man die Weinberge rund um St-Emilion › S. 134 kennen. Unterwegs bleibt auch Zeit, den einen oder anderen Merlot zu verkosten (Tel. 06 46 25 21 99, www.bajabikes.eu, 3 Std., ab 2 Pers. 75 €, ab 4 Pers. 60 €).

4 Mont Ventoux im Mondlicht Die Verkehrsämter von Malaucène und Bédoin bieten im Sommer geführte Nachtwanderungen auf den Mont Ventoux › S. 92 an, bei denen man auf dem Gipfelplateau biwakiert und frühmorgens den Sonnenaufgang erlebt (www.bedoin.org).

5 Flirt mit Fischen An der Plage de la Palud auf Port-Cros › S. 67 startet ein Unterwasserlehrpfad, der Teil des Naturschutzgebiets ist – entsprechend selbstbewusst gebärden sich die Meeresbewohner (am Hafen ausgeschildert, dort auch Verleih von Schnorchelausrüstung).

6 Entenspritztour Freiheit und französisches Savoir-vivre – das verbinden 2CV-Fans mit der wackligen Blechkiste. In Aubeterre-sur-Dronne E5 kann man Enten mieten und mit einem Picknickkorb im Kofferraum die Region Poitou-Charentes erkunden (Tel. 06 31 20 68 33, www.tourdecanard.com, ab 109 €).

7 Schluchtabenteuer In La Malène M8 starten Kanutouren durch den schönsten Abschnitt der Gorges du Tarn › S. 110, einer wilden, von himmelhohen Felsen gerahmten Schlucht (Canoe Moulin de la Malène, 48210 La Malène, Tel. 04 66 48 51 14, www.canoeblanc.com, ab 34 € für 2 Pers.).

8 Pont du Gard-Plage Bei einem Ausflug zum Pont du Gard › S. 100 bei Nîmes im Sommer nimmt man am besten Badesachen mit: Etwa 200 m vom Aquädukt entfernt werden am Flussufer öffentliche Strände eingerichtet.

9 Lavendelmeer Lavendelfelder umgeben den hübschen Ort Sault – auf dem 5 km langen Chemin des Lavandes spaziert man mittendurch und erfährt dabei auf Tafeln Interessantes zu Anbau und Verarbeitung (Start: Parkplatz an der D 164 Q8, 1,3 km Richtung Mont Ventoux).

10 Ran an das Schweinchen Warum nicht mal eine ruhige Kugel in dem Ort schieben, wo Jules Le Noir 1910 das Pétanque-Spiel erfand: Zur Bar Les Deux Pétou R8 in La Ciotat gehören drei Boulebahnen – den Apéro kann man mitnehmen (10, av. André Bellon, 13600 La Ciotat).

... PROBIEREN SOLLTEN

11 Bouillabaisse Das Miramar am Vieux Port von Marseille b2 ist die klassische Adresse für die mit *rouille* und Knoblauchbrot servierte mediterrane Fischsuppe. Küchenchef Buffa gibt an jedem dritten Donnerstag im Monat auch Bouillabaisse-Kochkurse (12, quai du Port, 13002 Marseille, www.lemiramar.fr).

12 Cannelés de Bordeaux Die köstlichen Küchlein mit knuspriger karamellisierter Kruste und saftigem Kern verlieren nach ein paar Stunden ihren ganzen Charme. Daher unbedingt ofenfrisch probieren – z. B. bei Baillardran a2 (Centre Commercial Les Grands Hommes, 33000 Bordeaux, www.baillardran.com).

13 Banon Chèvre Der in Kastanienblätter gewickelte und mit Bast verschnürte Ziegenkäse ist ein guter Grund für einen Ausflug nach Banon. Bei der Charcuterie Melchio R8 stapeln sich die Käselaibe und von der Decke baumeln *brindilles,*

Wo immer sich eine freie sandige Fläche findet, wird in Südfrankreich Pétanque gespielt

Im Becken von Marennes-Oléron züchten Fischer die Festtagsaustern der Franzosen

ellenlange, fingerdünne Würste mit Walnüssen, Pinienkernen, Wacholder oder Paprika (Place de la République, 04150 Banon).

14 Lavendel aus der Waffel An die 60 Sorten Eis und über 30 Sorbets machen die Wahl nicht leicht, doch bei Fenocchio b3 in Nizza liegt man eigentlich immer richtig. Intensiv nach Sommer und Süden schmeckt die Sorte *lavande* (2, pl. Rossetti, 06300 Nice, www.fenocchio.fr).

15 Cassoulet Der Bohneneintopf mit Schweinefleisch, Würsten und Gänse- oder Entenconfit ist der ganze Stolz von Castelnaudary. Er ist nicht gerade eine Diätspeise, aber gewisse Opfer müssen gebracht werden (Le Tirou J11, 90, av. Monseigneur Delangle, 11400 Castelnaudary, www.letirou.com).

16 Klassewein Das Château Prieuré-Lichine C5 ist eines der bekanntesten Weingüter der Médoc-Region Margaux und als Grand Cru Classé eingestuft. Hier gibt es nicht nur rote Tropfen zum Verkosten, sondern auch weiße – den Benediktinern sei Dank. Hatte das Rot doch zu deutliche Flecken auf den weißen Roben hinterlassen … (33460 Cantenac, www.prieure-lichine.fr).

17 Süß wie die Sünde Seit dem 16. Jh. wird in Montélimar weißer Nougat mit Mandeln und Pistazien hergestellt. Bei Arnaud Soubeyran P7 kann man dabei zusehen und natürlich auch probieren und kaufen (Av. du Gournier, 26204 Montélimar, www.nougatsoubeyran.com).

18 Socca Die Kichererbsenfladen sind eine Spezialität aus Nizza. Bei Chez Pipo V9 sitzt man an Bistrotischen in der Gasse und sieht durchs Fenster dabei zu, wie der Koch aus dem Holzofen riesige Bleche mit Socca zieht, die dann warm auf den Tisch kommt (13, rue Bavastro, 06000 Nice, www.chezpipo.fr).

19 Tapenade Die Paste aus Oliven, Kapern und Knoblauch schmeckt bei einem Picknick gut auf Brot. In der Ölmühle Ramade Q7 nahe der Olivenhochburg Nyons wird sie aus besten Zutaten frisch zubereitet (7, impasse du Moulin, 26110 Nyons, www.moulinramade.com).

20 Gourmetaustern Aus Marennes am Atlantik kommen die begehrten, in Brackwasser fein geklärten *huitres verts*, deren grüne Farbe einer Alge zu verdanken ist. An Ständen kann man sie frisch probieren, auf der Terrasse von Le Buccin B3 sitzt man dabei auch schön (6, rue des Martyrs, 17320 Marennes, www.restaurant-lebuccin-marennes.fr).

… BESTAUNEN SOLLTEN

21 Sensation aus Sand Bei Arcachon kann Europas größte Wanderdüne bestiegen werden, die Dune du Pilat › S. 81. 3 km lang, bis zu 500 m breit und von niemandem in Zaum zu halten. 5 m kommt der riesige Sandhaufen jedes Jahr voran.

22 Panoramafriedhof Der Cimetière du Trabuquet in Menton › S. 68 ist in vier Terrassen angelegt, von denen jede einer Nation bzw. Religion zugeordnet ist. Die Grabmonumente auf dem alten Friedhof sind richtige Schönheiten, aber der grandiose Blick über die Bucht, auf den Hafen und die Dächer der Altstadt übertrifft alles (Ch. du Trabuquet, 06500 Menton).

23 Literaturtempel Im 1000-Seelen-Dorf Banon lagern in der Buchhandlung Le Bleuet R8 in einem Ensemble alter Häuschen 200 000 Bücher in Regalen, auf Treppen und Fensterbänken – man sieht sich als Konkurrenz zu Amazon (Pl. St-Just, 04150 Banon, www.lebleuet.fr).

24 Grüner Diamant Im Diamant Vert, dem enormen Gewächshaus des Parc Phoenix V9 in Nizza, spaziert man durch sechs Klimazonen und sieht die Pflanzenwelt dabei zur Abwechslung auch mal von unten (405, prom. des Anglais, 06200 Nice, www.parc-phoenix.org).

Wind und Wasser verändern das Bild der riesigen Dune du Pilat täglich

25 Van Gogh in 3D Ein Déjà-vu-Erlebnis beschert Malereifans der Pont de Langlois südlich von Arles › S. 98. Vincent van Gogh malte die hölzerne Klappbrücke 1888 aus unterschiedlichen Blickwinkeln (Rue Gaspard Monge, 13200 Arles).

26 Fahrende Brücke Zwischen Rochefort und Échillais verbindet seit 1900 der Pont Transbordeur B2 die beiden Charente-Ufer, eine einzigartige, an zwei stählernen Pylonen aufgehängte Schwebefähre.

27 Quallenleuchter Ernst Haeckels berühmte Abbildungen von Medusen lieferten die Vorlage für den mit filigranen Glastentakeln versehenen Jugendstillüster in Monacos Musée Océanographique › S. 69.

28 Steinzeitgalerie Die Höhle von Lascaux, die Forscher gern als »sixtinische Kapelle der Frühgeschichte« bezeichnen, verschlägt Besuchern mit ihrer überwältigenden Bilderflut auch als originalgetreuer Nachbau › S. 140 den Atem.

29 Seekühe in den Alpen Am Col des Lèques T9 bei Castellane führt ein Spazierweg ins Vallée des Sirènes, vorbei an 40 Mio. Jahre alten Versteinerungen von Seekühen, die weltweit als einzigartig gelten.

30 Promi-Zoo Vor dem Sénéquier T10 in St-Tropez inszenieren sich von Bikinischönheiten umlagerte Bestbetuchte auf den Decks ihrer Jachten – schauen und knipsen ist erlaubt, streicheln hingegen nicht.

Die Schwebefähre über die Charente zwischen Rochefort und Échillais ist die letzte ihrer Art in Frankreich

31 **Korkenziehermuseum** Auf dem Weingut Domaine de La Citadelle Q9 ist das Musée du Tire Bouchon mit 1200 Exponaten aus der Zeit vom 17. Jh. bis heute zu besichtigen – darunter Kuriositäten wie ein als Spazierstock getarntes Modell (601, rte. de Cavaillon, 84560 Ménerbes, www.domaine-citadelle.com).

... MIT NACH HAUSE NEHMEN SOLLTEN

32 **Bardot-Sandalen** Die handgefertigten Römersandalen von K. Jacques T10 avancierten dank Stars wie Brigitte Bardot in den 1960ern zum Must-have und sind heute ein Klassiker (28, rue Henri Seillon, 83990 St-Tropez, www.kjacques.fr).

33 **Ruhige Kugel** Die richtige Boulekugel für jedes Temperament und jeden Körpertyp findet man im Shop des Musée de la Boule C1, das der Marseiller Hersteller La Boule Bleue im Panier-Viertel eröffnet hat. Auf Wunsch wird auch der eigene Name eingraviert (2, pl. des Treize Cantons, 13002 Marseille).

34 **Gourmetsalz** In Gruissan bei Narbonne gewinnt eine Saline L12 Fleur du Sel. Die von der Wasseroberfläche abgeschöpfte, besonders reine Salzblume lässt Gerichte nach Sonne und Meer schmecken (Rte. de l'Ayrolle, 11430 Gruissan, www.lesalindegruissan.fr).

35 **Meeresbrise** Erinnerungen an im Strandkorb verbrachte Tage am Atlantik rufen die Stoffe und Heimtextilien von Jean-Vier A11 aus gestreiftem baskischen Leinen wach (48, rue Gambetta, 64500 St-Jean-de-Luz, www.jean-vier.com).

36 **Obelix-Snack** Luftgetrocknete Wildschweinschinken und -würste sind die Spezialität der Charcuterie Catalane Bonzom J14 in Saillagouse westlich von Perpignan (9, rte. d'Estavar, 66800 Saillagouse, www.charcuterie-catalane-bonzom.com).

37 **Provencedüfte** In Manosque hat der Kosmetikhersteller L'Occitane R9 seinen Sitz. Nach einer Führung durch Fabrik und Gärten kann man im Shop Produkte wie die Crème précieuse zum Vorzugspreis erwerben (ZI Saint Maurice, 04100 Manosque, www.loccitane.com).

In Brousse wird in einer Wassermühle bereits in siebter Generation Papier hergestellt

38 Seegraspapier Nicht weit von Carcassone stellt die Moulin à Papier de Brousses J11 mit Baumwolllumpen und Pflanzenzellulose handgeschöpftes Papier her und verkauft es auch. Das zartgrüne Papier verdankt seine Farbe Seegras, das zartblaue alten Jeans (11390 Brousses-et-Villaret, www.moulinapapier.com).

39 Indigoblau In der Keramikhochburg Moustiers-Ste-Marie findet man bei La Mòstra de l'Estela S9 Arbeiten von Künstlern wie Chantal Césure, die Indigobatik diverser Völker in fantasievolle Glasuren übersetzt (Rue Fouque, 04360 Moustiers, www.mostra-moustiers.com).

40 Ibiza-Bag Die lässigen Taschen aus Palmblatt für den Strand werden in der traditionellen Korbflechterei Le Palais d'Osier Vannerie c3 in Nizza von Hand geflochten. Dank der guten Verarbeitung erleben sie ganz sicher auch noch den nächsten Urlaub (3, rue de la Préfecture, 06300 Nice).

41 St-Trop-Look Ideal komplettiert wird das lässige Strandoutfit durch Schmuck des Marseiller Designers André Gas b3, inspiriert von den Glücksarmbändern der Hippies und der Farbenpracht Indiens (106, rue Paradis, 13006 Marseille, www.gasbijoux.com).

... BLEIBEN LASSEN SOLLTEN

42 Küstenstraße am Wochenende Im Hochsommer verzichtet man auf der Küstenstraße zwischen St-Tropez und Menton besser auf Wochenendausflüge mit dem Auto – in der Regel herrscht Verkehrschaos.

43 Zündeln Hunderte Hektar Wald fallen jedes Jahr Bränden zum Opfer – Schuld sind nicht nur Brandstifter, sondern auch Gedankenlose, die brennende Zigarettenkippen aus dem Autofenster werfen.

44 Käsegemetzel In einem Land, das stolz auf seine Käsekultur ist, sollte man keinen Käseteller ordern, ohne die wichtigste Regel zu kennen: Käse wird nie tangential geschnitten, sondern so, dass jeder ein Stück vom Kern bekommt.

45 Baguette schneiden Das zum Essen gereichte Brot wird nicht mit dem Messer traktiert, sondern mit der Hand gebrochen. Bei allen anderen Speisen, auch bei Obst, gilt jedoch: Besteck benutzen!

46 Sturm auf den Restauranttisch Selbst in einem wenig frequentierten Lokal setzt man sich nicht einfach an den erstbesten Tisch, sondern wartet geduldig, bis einem der Ober einen Platz zuweist.

47 Englisch drauflosplaudern Die sprichwörtliche Unhöflichkeit der Franzosen stellt sich meist dann ein, wenn man sie umstandslos auf Englisch oder Deutsch anspricht. Ein paar Grußworte in der *langue plus belle du monde* gestalten den Umgang wesentlich harmonischer.

48 Einsilbigkeit Einem allein etwas plump daherkommenden »Oui« oder »Non« bzw. »Bonjour« verleihen Franzosen durch das Anhängen von »Madame« und »Monsieur« weltmännische Eleganz.

49 Küsschen, Küsschen Franzosen gehen mit Wangenküssen weitaus sparsamer um, als man gemeinhin denkt. Wenn man sich noch nicht gut kennt, bleibt man fürs Erste besser beim Handschlag.

50 Den Atlantik unterschätzen An der Atlantikküste können Strömungen selbst erfahrene Schwimmer in Gefahr bringen. Man sollte daher nur an bewachten Stränden und bei grüner Flagge baden.

Mangelnder Respekt im Umgang mit Käse ist in Frankreich kein Bagatelldelikt

Die von steilen Kalkfelsen gerahmte
Calanque d'En-Vau gehört zu den schönsten
Buchten der Mittelmeerküste

REISEPLANUNG & ADRESSEN

DIE REISEREGION IM ÜBERBLICK

Kein anderer Landesteil bietet Urlaubern eine so große Vielfalt wie der Midi. Viele der schönsten Landschaften Frankreichs sind hier zu finden, auf Aktivurlauber wartet ein breites Betätigungsfeld.

Sonnenanbeter und Wasserratten kommen an traumhaften Stränden mit azurblauem Wasser auf ihre Kosten. Aber den besonderen Reiz der zwischen Atlantik, Alpen, Mittelmeer und Pyrenäen liegenden Region machen nicht nur Naturschätze aus. Hinzu kommen pulsierende Metropolen wie Marseille, Bordeaux und Toulouse, mittelalterliche Städte, verträumte Bergdörfer, antike Monumente, moderne Architektur und hochkarätige Museen.

Im Südosten des Landes zwischen der Schweizer Grenze und dem Hinterland der Riviera bilden die **Alpen** in den beiden Regionen Auvergne-Rhône-Alpes und Provence-Alpes-Côte d'Azur nicht nur das topografische Dach Frankreichs, sondern gleichzeitig ein Gebiet, das für Aktivurlauber fast unbegrenzte Möglichkeiten bietet. Wer es geruhsamer mag, unternimmt ausgedehnte Wanderungen über Almen und durch verträumte kleine Bergdörfer. Traditionsreiche Thermalbäder wie Aix-les-Bains laden zum Entspannen ein, städtisches Flair verbreitet die alte Universitätsstadt Grenoble, das boomende Zentrum der Region.

Weiter südlich schließt sich zwischen Marseille im Westen und der italienischen Grenze im Osten die berühmte **Côte d'Azur** an. Vor über 100 Jahren ließ sich um die Zentren Nizza und Cannes die britische Aristokratie von milden Wintertemperaturen verzaubern. Viele Maler erwählten den Küstenstrich zum Freilichtatelier – ihre Hinterlassenschaften sind in Kunstmuseen, Kirchen und Kapellen zu entdecken. Mittlerweile geben in den mondänen Badeorten nicht mehr Lords und Edelleute den Ton an, sondern der internationale Jetset. Musste die Beschaulichkeit der Côte über die Jahrzehnte auch touristischen Auswüchsen weichen, findet man doch vor allem im Hinterland immer noch wohltuende Provinzialität, die in über Straßen gespannten Wäscheleinen und nach Käse duftenden Altstadtmärkten zum Ausdruck kommt.

Laisser-aller in der Altstadt von Nizza – den Dingen einfach mal ihren Lauf lassen

Paddeltour auf der Ardèche – Alternativen zum Nichtstun am Strand gibt es im Überfluss

Auf der Autoroute du Soleil (A 7) nach Südfrankreich reisende Urlauber lernen ihr Zielgebiet häufig zuerst im **Rhône-Tal** und der **Provence** kennen. Abseits der Autobahn erstrecken sich sattgrüne Weinberge um noble Schlösschen und verschlafene Landstriche, in denen es im Hochsommer unverkennbar nach Lavendel und wilden Kräutern duftet. Auf Kunstfreunde warten mittelalterliche Dörfer, würdige Zisterzienserabteien und alte Römerstädte; Naturwunder wie die beeindruckende Wasserlandschaft der Camargue und die atemberaubende Ardèche-Schlucht lassen sich zu Fuß, zu Pferd oder mit dem Kanu entdecken. Auf bunten Märkten und in vielen guten Restaurants kann man in den kulinarischen Genüssen schwelgen, welche die sonnenverwöhnte Erde der Region hervorbringt.

Das **Languedoc** und die **Cevennen** sind vor allem bei Bade- und Natururlaubern beliebt. Von der Rhône-Mündung bis zu den Pyrenäen reihen sich am Golf von Lion Dutzende Sandstrände aneinander, an denen sich moderne Ferienkolonien mit traditionellen Fischerdörfern abwechseln. Wer nach Sonne, Sand und Meer Abwechslung sucht, findet im Hinterland romanische Kreuzgänge alter Klöster oder lässt sich im mittelalterlichen Carcassonne durch enge Pflastergassen treiben. Auch die ungezähmten Berglandschaften der Cevennen mit wildromantischen Schluchten, von Wind und Wetter gebürsteten Hochflächen und steinalten Ortschaften bilden ein ideales Kontrastprogramm.

Wie ein gewaltiger, steinerner Wall trennen die **Pyrenäen** Frankreich von der Iberischen Halbinsel. Dass dieses über 3000 m hohe Gebirge mit wunderbaren Wanderpfaden und attraktiven Wintersportmöglichkeiten weniger natürliche Grenze als vielmehr kulturelle Nahtstelle ist, beweisen Dorfbewohner hüben wie drüben nicht nur mit der Baskenmütze als traditioneller Kopfbedeckung, sondern auch mit ihrer Sprache und mit Bräuchen, denen man von Perpignan bis nach Bayonne in Städten und Bergdörfern begegnet. Von der wechselhaften Geschichte der Region künden die Ruinen trutziger Katharerburgen und mauerumwehrte Städte.

Im **Südwesten** erstrecken sich südlich der Metropole Bordeaux die längsten Atlantikstrände Europas mit weiten Dünenlandschaften und traumhaften Ausblicken aufs blaue Meer. Dahinter wachsen auf sandigem Boden ausgedehnte grüne Pinienwälder. Im Hinterland der Atlantikküste lässt das milde Klima ausgezeichnete Weine gedeihen, die zu den gastronomischen Spitzenleistungen passen, die etwa das Périgord zum kulinarischen Paradies gemacht haben. Prähistorische Stätten wie die Höhle von Lascaux mit ihren jungsteinzeitlichen Felsmalereien, mittelalterliche Wehrdörfer, Schlösser und Burgruinen säumen liebliche Flusstäler. Von der einstigen großen Bedeutung der Wallfahrt nach Santiago de Compostela, im Hohen Mittelalter eine Massenbewegung, zeugen Brücken, Hospize, Kirchen und Klöster.

KLIMA & REISEZEIT

Südfrankreich wird klimatisch sowohl vom Mittelmeer als auch vom Atlantik beeinflusst. In manchen Gebieten führt der Übergang von einer Einflusszone zur anderen zu einer drastischen Änderung der Vegetation auf wenigen Kilometern.

Von Ende März bis Ende Oktober kann man in der gesamten Region mit vorwiegend sonnigem und warmem Wetter rechnen. In der Hauptsaison (Juli/August), wenn ganz Frankreich in die Ferien fährt, sind die Strände am gesamten Mittelmeersaum und an der südlichen Atlantikküste hoffnungslos überfüllt, in den Küstenorten bilden sich regelmäßig Verkehrsstaus. Vor allem am 15. August (Mariä Himmelfahrt) wird die Parkplatzsuche nicht selten zur Qual, die spontane Suche nach einer Unterkunft zum hoffnungslosen Unterfangen. Wesentlich ruhiger geht es vor bzw. nach Beginn der Hauptsaison zu, Winterflüchtlinge genießen an der Côte d'Azur schon im März warme Tage. Zum Baden ist es dann allerdings noch etwas zu früh.

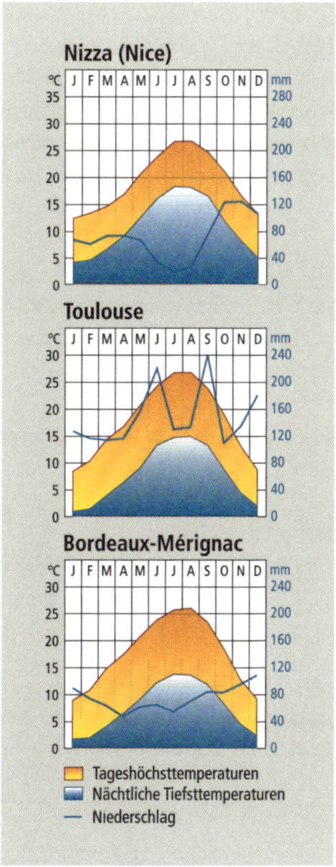

Auch in den Bergregionen muss man in der Hauptsaison mit vollen Hotels und überlaufenen Sehenswürdigkeiten rechnen. Alpen, Pyrenäen und die Vulkanregionen der Auvergne entfalten ihren Zauber besonders im Herbst bei stabilen Wetterlagen. Das gilt auch für die großen Weinbauregionen im Südwesten. Ab November herrschen in den Alpen und Pyrenäen gute Bedingungen für Wintersportler.

Wer Provence-Metropolen wie Aix-en-Provence, Arles, Avignon und Nîmes im Mai oder Juni einen Besuch abstattet, vermeidet den touristischen Belagerungszustand, der sich ab Juli einstellt. Am schönsten sind Farben und Licht der Provence aber im Herbst, wenn nicht mehr ganz so hohe Temperaturen wie im Hochsommer herrschen.

ANREISE

MIT DEM FLUGZEUG

Die Flughäfen von Lyon, Marseille, Nizza, Toulouse und Bordeaux werden von internationalen Gesellschaften wie Lufthansa (www.lufthansa.com) und Air France (www.airfrance.de) regelmäßig direkt angeflogen. Darüber hinaus finden sich kleinere nationale Flughäfen in Biarritz, Pau, Lourdes/Tarbes, Carcassonne, Perpignan, Montpellier, Nîmes, Toulon/Hyères und Cannes/Mandelieu. Sie sind nur via Paris oder Lyon erreichbar.

Auch Budget-Airlines bedienen Südfrankreich. So fliegt z. B. Easyjet (www.easyjet.com) von Berlin nach Biarritz, Bordeaux, Lyon, Marseille, Montpellier und Nizza, von Hamburg nach Nizza und von Basel-Mulhouse-Freiburg nach Biarritz, Bordeaux und Montpellier, Eurowings (www.eurowings.com) nach Bordeaux, Lyon, Marseille, Nizza und Toulouse. Ryanair (www.ryanair.com) verbindet Frankfurt/Hahn mit Montpellier, Frankfurt/Main mit Marseille und Perpignan, Berlin mit Toulouse und Düsseldorf/Weeze mit Beziers.

MIT DER BAHN

Im Sommer bestehen mehrere direkte Nachtverbindungen nach Südfrankreich, bei denen Liege- und Schlafwagen eingesetzt werden. Ansonsten führt der Weg meist über Paris. Von der Gare de Lyon sind fast alle Regionen Südfrankreichs mit reservierungspflichtigen Hochgeschwindigkeitszügen (TGV) schnell zu erreichen (Fahrpläne und Buchung unter www.sncf.com/de; mit dem Europa Sparpreis kommt man ab 39 € pro Strecke ans Ziel).

MIT DEM AUTO

Von Paris führen sowohl durch das Rhône-Tal (A 7) als auch über Poitiers und Bordeaux (A 10) große, meist gebührenpflichtige Autobahnen Richtung Süden. Von Freiburg/Mulhouse gelangt man auf der A36 über Lyon

Südfrankreichs Departementstraßen können für Eilige schnell zur Geduldsprobe werden

auf die Route du Soleil. Von Marseille geht es auf der A 8 über Aix-en-Provence zur Côte d'Azur, auf der A 9 über Nîmes und Montpellier nach Narbonne. Narbonne ist über die A 61 mit Toulouse verbunden, von dort kommt man auf der A 62 nach Bordeaux oder auf der A 64 nach Bayonne (Routenpläne und Kostenberechnung unter www.viamichelin.de oder www.autoroutes.fr).

REISEN IM LAND

MIT DER BAHN

TGV-Verbindungen verlaufen von Lyon durch das Rhône-Tal nach Marseille und von dort über Toulon nach Nizza bzw. über Nîmes und Montpellier nach Perpignan. Eine andere wichtige Nord-Süd-Strecke verbindet Paris über Poitiers und Bordeaux mit Biarritz. Am Schienenweg des TGV zwischen Atlantik und Mittelmeer liegen die Bahnhöfe von Lourdes und Toulouse (Fahrpläne und Buchung unter www.sncf.com/de).

MIT DEM BUS

Die Verbindungen zwischen den größeren Städten sind gut, in ländlichen Gebieten verkehren die Busse seltener, an den Wochenenden teils gar nicht. An vielen Bahnhöfen der Region ist der Guide Régional des Transports erhältlich, der einen Überblick über die wichtigsten Verbindungen bietet (www.info-ler.fr).

MIT DEM AUTO

Südfrankreich besitzt ein gut ausgebautes Straßennetz. Am zügigsten kommt man auf den (in der Regel mautpflichtigen) Autobahnen und den Nationalstraßen voran. Die mit D bezeichneten Departmentstraßen können schmal und holprig sein. Benzin ist etwas billiger als in Deutschland. Preisgünstige Tankstellen gibt es bei großen Supermärkten, an denen man auch sonntags mit Bank- bzw. Kreditkarte tanken kann.

VERKEHRSREGELN

Das Tempolimit auf Autobahnen beträgt 130 km/h, bei Regen 110 km/h, auf Landstraßen dürfen 80 km/h gefahren werden, innerhalb geschlossener Ortschaften 50 km/h. Die Promillegrenze liegt bei 0,5, für Fahranfänger in den ersten drei Jahren des Führerscheinbesitzes gelten 0,2. Verkehrssündern drohen empfindliche Strafen, Ausländer werden sofort zur Kasse gebeten (man kann per Karte zahlen). Warndreieck und Warnweste sind Pflicht.

DEM LAVENDEL VERFALLEN

Schon von Weitem winkt mir Odile Tassi zu. Sie steht mitten im Lavendel, als ich um die Ecke biege, um sie zu treffen. Die meisten ihrer Felder sind schon abgeerntet, doch auf dem letzten werden die Blüten und Stiele gerade eingesammelt. Odile nimmt sich dennoch die Zeit, mit mir zu sprechen, und läuft strahlend auf mich zu. Man sieht ihr an: Sie ist voll in ihrem Element.

Dabei kommt Odile ursprünglich gar nicht aus der Landwirtschaft. Bis zu ihrem Umzug nach Clansayes war sie ausschließlich an ein städtisches Milieu gewöhnt. In Lyon, Paris und Marseille hatte sie gelebt. Eine erfolgreiche Geschäftsfrau war sie gewesen. Bis sich eines Tages die Frage nach dem Sinn stellte: Was möchte ich wirklich?

Die Antwort war klar: Weg aus der Stadt, von ihrem alten Leben. Also schaute sie sich um: War Weinbau vielleicht das Richtige? Nein, da war die Konkurrenz schon zu groß. Oliven? Dauert zu lange. Aber ätherische Öle, Heilpflanzen und Aromatherapie: Das interessierte sie. Und als sie aufs Land fuhr, um nach Möglichkeiten zu suchen, fand sie bald, was sie suchte. Lavendelfelder ohne Ende, einen betörenden Duft und die Idee, genau das zu machen, was sie heute tut: Lavendel anzubauen, das Öl zu destillieren und daraus Produkte herzustellen.

Heute ist Odile eine von ganz wenigen Frauen, die aus den lila Blüten ihr eigenes Destillat herstellen. Bioqualität natürlich. Das Öl und der hauseigene Lavendelhonig werden pur verkauft oder nach ihren Rezepturen weiterverarbeitet. Auf ihrem Hof hat sie einen kleinen Laden eingerichtet. Parallel führt sie interessierte Besucher durch die Felder, erklärt Anbau, Verarbeitung und Heilwirkung der Wunderpflanze. Sie strahlt übers ganze Gesicht, als ich sie frage, ob sich ihr Umzug gelohnt hat. »Mais oui!«, ruft sie. »Es ist zwar nicht immer leicht, als Städterin in einer ländlichen Gesellschaft zu arbeiten. Aber die Leute haben sich an mich gewöhnt«, lacht sie, und geht zurück an die Arbeit.

BESUCH BEI ODILE TASSI

L'Essentiel de Lavande
1554, chemin de la Suquée
Les Homais 26130 Clansayes
Tel. 06 62 86 64 12
www.essentiel-de-lavande.com

Odile Tassis Lavendelfelder beginnen direkt hinter ihrem Haus

AUS LIEBE ZUR UMWELT

In ihrer Cabane experimentiert Marielle Philip mit natürlichen Gerbstoffen

Es brauchte schon einige Zeit, bis ich die Cabane, die kleine Hütte von Marielle Philip am Bassin von Arcachon gefunden habe. Aber dann stehe ich vor ihr und staune nicht schlecht. Hier, in diesem kleinen Haus, arbeitet die Jungunternehmerin? Stellt aus Fischhaut exklusives Leder her?

Etwas zurückhaltend betrete ich ihr Atelier – wie es dort wohl riecht? Doch dann: nichts. Oder doch: Ein feiner Duft nach frischem Leder umfängt mich. Marielle bemerkt mein Staunen und lacht: »So geht es allen. Niemand erwartet hier drinnen Wohlgeruch. Aber es ist wirklich so: Mein Leder riecht nicht. Nicht mehr als andere Leder auch. Das liegt an den Gerbstoffen, die man verwendet.« Marielle erklärt, dass sie, je nachdem, welche Farbe das Leder hinterher haben soll, mal mit Mimosenrinde, mal mit Gallapfel gerbt.

Nun ist es ja alles andere als gewöhnlich, aus Fischhaut Leder herzustellen. Wie sie dazu gekommen sei, frage ich. Und Marielle erzählt: Nach ihrem Studium der Ökologie sah es mau aus auf dem Arbeitsmarkt. Zufällig machte ihre Mutter zu dieser Zeit eine Reise nach Lappland, wo sie sah, wie Frauen dort aus Fischabfällen Leder herstellten. Marielle war begeistert! Schließlich werden Jahr für Jahr Tonnen von Fischhäuten weggeworfen.

Nach ein paar Gesprächen mit örtlichen Fischereibetrieben war klar: Das Grundprodukt bekam sie aus der Umgebung. Kostenlos. Also lernte sie das Gerben und experimentierte daheim in ihrer Garage. Dann ging sie in die Produktion. Der Verkauf erfolgt größtenteils übers Internet. »Kein Mensch kommt in meine kleine Hütte«, lacht sie, »wer kennt schon La Teste de Buch?« Aber sie stellt ihr Leder dort her, nach wie vor von Hand. Und das Ergebnis ist beeindruckend: einzigartiges Leder in Schuppen-Optik, robust und wasserundurchlässig.

EINKAUF BEI MARIELLE PHILIP

La Teste de Buch
69, ave. Ovide Rousset
Tel. 06 50 40 19 75
www.femer.fr

Wer direkt bei Marielle Philip kaufen möchte, kann sie nach telefonischer Absprache in ihrer Cabane besuchen. Ansonsten bestellt man übers Internet.

SPORT & AKTIVITÄTEN

Dank seiner natürlichen Gegebenheiten mit Meeresküsten, Flüssen, Seen, Gebirgen und Schluchten ist Südfrankreich eine Region, die sportlichem Tatendrang fast keine Grenzen setzt.

WASSERSPORT

Tauchen kann man im Unterwasser-Naturschutzpark der Insel Port-Cros, die zu den Îles d'Hyères gehört (www.divingiens.com), und an der Küste bei Port-Vendres und Banyuls südlich von Perpignan.

Kanu-, Kajak-, Wildwasser- und **Raftingtouren** machen auf den tosenden Flüssen der Provence, des Zentralmassivs und in der Auvergne viel Spaß › Seitenblick S. 32.

Die südfranzösische Atlantikküste ist ein Mekka für Wellenreiter

Windsurfer schätzen u. a. die Gegend bei Six-Fours südwestlich von Toulon. Surfreviere findet man auch an den Stränden der Halbinsel Giens bei Hyères, darüber hinaus auf den Alpenseen sowie auf den Gewässern im Hinterland der Provence. Bei Carro an der Côte Bleu westlich von Marseille herrschen fast das ganze Jahr über hervorragende Windverhältnisse.

Einige Strände der südfranzösischen Atlantikküste wie Lacanau-Plage und Anglet bei Biarritz zählen zum Besten, was Europa **Wellenreitern** zu bieten hat. In Moliets Plage, Seingosse, an der Cap de l'Homy Plage und St-Girons Plage wurden Surfcamps eingerichtet, die Veranstalter von Surfreisen nutzen.

WANDERN

Wandern ist in Frankreich so beliebt wie nie. Nützliche Wanderkarten gibt das Institut Géographique National (IGN) heraus. Die **Fernwanderwege GR** sind meist sehr gut beschildert, desgleichen die **lokalen Wanderwege PR.**

Fédération Française de la Randonnée Pédestre

- 64, rue du Dessous des Berges
  75013 Paris
  Tel. 01 44 89 93 93
  www.ffrandonnee.fr

RADFAHREN

Bei der geringen Verkehrsdichte in den ländlichen Regionen bieten sich für Radfahrer auf asphaltierten Nebenstraßen ideale Bedingungen für ausgedehnte Touren. In manchen Gebieten sind die Strecken auch ausgeschildert. Navarrenx westlich von Pau liegt an der Grenze zum französischen Baskenland und ist ein überregional bekanntes Mountainbikezentrum mit über 300 km gekennzeichneten Pisten in den Pyrenäenausläufern (www.tourisme-bearn-gaves.fr).

Mieträder und Mountainbikes gibt es in allen größeren Orten. Kartenmaterial erhält man bei den Fremdenverkehrsämtern sowie im Buchhandel. Über den Transport von Rädern mit dem Zug informieren die Staatsbahnen SNCF › S. 27.

GOLF

Die schönsten Golfplätze Südfrankreichs liegen an der Gironde und im Baskenland. Je ländlicher die Lage, desto günstiger fallen meist die Greenfees aus.

Comité Régional du Tourisme de la région Nouvelle Aquitaine C6

- 4/5, pl. Jean Jaurès
  33074 Bordeaux Cedex
  Tel. 05 56 01 70 00
  www.nouvelle-aquitaine-tourisme.com

WINTERSPORT

Die bekanntesten Skigebiete liegen bei Grenoble (Alpe d'Huez), in den Seealpen und in den Pyrenäen. Dort reicht das Angebot an Aktivitäten von Ski alpin über Skilanglauf, Schneeschuhtouren und Hundeschlittenfahrten bis zu Übernachtungen im Iglu und Eistauchen. Größtes Skigebiet in den Pyrenäen ist die Domaine du Tourmalet mit präparierten Pisten von 100 km Länge (www.tourmalet.com). Für Familien ist eher das in einem Bergtal gelegene St-Lary Soulan geeignet, das Richtung Spanien führt (www.saintlary.com).

In modernen Wintersportzentren liegen die Unterkünfte meist direkt bei den Liften. Tarantaise ist bekannt für seinen Skizirkus. Gemütlicher sind die gewachsenen Skiorte, wo in der Regel Pendelbusse zu den Liftstationen verkehren, wie z. B. in Serre Chevalier. In einigen Pyrenäenorten wie St-Lary und Barèges kann man Skisport mit Fitnesskuren verbinden.

WELLNESS

Die Kurstadt Dax nordöstlich von Biarritz schmückt sich mit dem Prädikat »Hauptstadt der Thermalkur«. 12 Thermalbäder nutzen das schwefelsaure, leicht radonhaltige Heilwasser, das vor allem bei rheumatischen Beschwerden lindernd wirken soll (www.thermes-dax.com). In Biarritz und anderen Orten an der Atlantikküste kann man sich mit Thalassoanwendungen wieder in Form bringen (www.nouvelle-aquitaine-tourisme.com). In Gebirgstälern der Pyrenäen wurden mit Aquensis, Balnéa, Luzéa und Sensoria vier große Wellnesszentren mit Thermalbädern eingerichtet (www.tourisme-hautes-pyrenees.com/break-bien-etre).

MUTPROBEN IN LUFTIGER HÖHE UND AUF WILDBÄCHEN

Wer das unverfälschte Naturerlebnis sucht und sich sportlich betätigen möchte, kommt in Südfrankreich voll auf seine Kosten. Freizeitkicks wie Rafting- oder Kajaktouren und das Baumhangeln in Hochseilgärten üben auf viele eine große Faszination aus.

WILDE WASSER

Die Durance mit ihren wilden Nebenflüssen Clarée, Guil, Gyr und Ubaye lässt die Herzen der **Rafting-Fans** höher schlagen. Brodelnde Stromschnellen wechseln sich ab mit idyllischen Tälern, in denen winzige Dörfchen Gelegenheit zum Verschnaufen bieten. Raftingklassiker sind der Durance-Abschnitt zwischen St-Clément und Embrun sowie der berühmte Grand Canyon du Verdon › S. 62.

Aufblasbare Gummiboote bieten 5 bis 8 Personen Platz. Die Anbieter stellen Equipment wie Neoprenanzüge und Helme zur Verfügung und sorgen für den Rücktransport von Mensch und Ausrüstung. Vor Tourbeginn erhalten die Teilnehmer eine ausführliche Einweisung.

Achtung: Das Wetter sollte vor und während einer Flusstour auch im Einzugsgebiet der Flüsse stabil sein. Bei Gewitter und heftigen Schauern in der Umgebung kann der Wasserstand abrupt ansteigen.

- **AN L'Aventure Nature** T3
  Les Iles de Mâcot
  73210 Mâcot La Plagne (Durance)
  Tel. 04 79 09 72 79 | www.an-rafting.com

Auf dem von steilen Felswänden gerahmten Verdon packt jeden das Paddelfieber

- **Aboard Rafting** T9
  8, pl. de l'Eglise | 04120 Castellane
  Tel. 04 92 83 76 11
  www.aboard-rafting.com

In der Saison kann es in Frankreichs **Kanu- und Kajakparadies** Nr. 1, der 30 km langen Ardèche-Schlucht südlich von Montélimar, schon mal eng werden. Obwohl der Fluss bestens erschlossen ist – es gibt viele Bootsvermieter, Campingplätze und gut ausgebaute Zufahrtsstraßen – hat die grandiose Landschaft nichts von ihrem ursprünglichen Reiz verloren. Die Ardèche ist von Ende März bis Ende November befahrbar. Je nach Wasserstand kann der Trip im Frühjahr Gefahren bergen (Infos: www.kajaktour.de/ardeche.htm).

- **Les Bateaux du Pont** 07
  07700 St-Martin-d'Ardèche
  Tel. 04 75 04 60 85
  www.ardeche-canoes-kayaks.com
- **Alain Bateaux** 07
  07150 Vallon Pont d'Arc
  Tel. 04 75 37 17 22
  www.alainbateaux.com

HOCHSEILGÄRTEN

In einigen Abenteuerparks in Südfrankreich gehört das Baumhangeln in Hochseilgärten zu den Top-Freizeitvergnügen. Den ultimativen Kick erleben Adrenalinsüchtige in Schwindel erregenden Höhen auf Seilen und Stahlkabeln, die wie Spinnennetze zwischen Baumkronen oder Holzpfeiler gespannt sind. An den Pfeilern befinden sich kleine Plattformen, auf denen man sich ausruhen kann. Gut gesichert tastet sich der moderne Tarzan von einem

Klettermanöver im Hochseilgarten

künstlichen Hindernis (Taue, Stahlkabel, Strickleitern, Brücken, Balken, Netze) zum nächsten. Anfänger und Kinder können auf entschärften Parcours in geringeren Höhen über dem Erdboden üben.

- **Jungle Parc de Barcelonnette** T7
  Les Terres Neuves | 04400 St-Pons
  Tel. 06 86 73 37 57
  www.jungle-parc.fr
- **Aventure Famille** T10
  Avenue Gaston Rebuffat
  83120 Ste-Maxime
  Tel. 04 94 45 71 12
  www.aventurefamille.com
- **Serre Che Aventure** T5
  Chemin des Préras
  05240 La Salle-les-Alpes (bei Briançon)
  Tel. 04 92 24 90 57
  www.serrecheaventure.fr
- **Aventure Parc** K9
  81330 St-Pierre-de-Trivisy (bei Castres, östlich von Toulouse)
  Tel. 05 63 73 09 03
  www.aventure-parc.fr/st-pierre-de-trivisy

UNTERKUNFT

Vom städtischen Nobelhotel bis zur einfachen Herberge auf dem Land – an Unterkünften für jeden Geschmack und für jedes Budget besteht in Südfrankreich kein Mangel.

Sollte es an der Rezeption doch einmal »complet« heißen, hat man gute Chancen, im Umkreis von maximal 30 km eine Alternative zu finden. Nur im Juli/August oder während großer Festivitäten kann die Suche nach einer Unterkunft schwierig werden.

HOTELS

Französische Hotels sind einheitlichen Komfortnormen entsprechend in fünf Kategorien (1 bis 5 Sterne, einfach bis Luxus) eingeteilt. Hotelketten findet man hauptsächlich an den großen Verkehrsachsen und in Großstädten. Bei der Zimmersuche hilft das Portal www.hotel-france.com mit allen staatlich klassifizierten Häusern.

Das Hotel Carlton in Cannes zählt zu den Topadressen an der Côte d'Azur

BUDGET-HOTELS

In der Regel verkehrsgünstig gelegen sind Häuser von Ketten wie Formule 1, Ibis Budget, Kyriad und Première Classe, die einfachen Komfort ohne Serviceleistungen bieten, aber sehr preiswert sind. Etwas teurer sind Campanile und Ibis mit hauseigenen Restaurants (Infos unter www.accorhotels.com, www.kyriad.com, www.premiereclasse.com und www.campanile.com).

LOGIS-HOTELS

Die relativ preisgünstigen, in den meisten Fällen familiengeführten Hotels (1 bis 3 Sterne) sind an einem Schild mit gelbem Kamin auf braunem Grund zu erkennen. Man findet sie vorwiegend in kleineren Orten und auf dem Land. Angeschlossen ist oft ein Restaurant mit regionaler Küche. Der vollständige Katalog mit Logis-Unterkünften ist in Frankreich im Buchhandel erhältlich (Tel. 00 33/(0)1 45 84 83 84, www.logishotels.com).

CHÂTEAUX ET HÔTELS COLLECTIONS

Verbund von rund 500 exklusiven Schlosshotels, umfunktionierten Herrenhäusern und Gourmetrestaurants, die selbst höchsten Ansprüchen genügen (Infos: **Châteaux & Hotels Collection,** Reservierung aus dem Ausland unter Tel. 0033/172 72 92 02, innerhalb von Frankreich unter Tel. 08 92 23 00 75, www.chateauxhotels.com).

LES ROUTIERS

Die Fernfahrerunterkünfte stehen allen offen. Für Frankreichfans ist das Gesamtverzeichnis mit guten und zugleich günstigen Gastrotipps unentbehrlich. Den jährlich aktualisierten **Guide des Relais Routiers** mit rund 1600 Adressen bekommt man im französischen Buchhandel (www.relais-routiers.com).

FERIENHÄUSER UND FERIENWOHNUNGEN

Trotz des großen Angebots an Urlaubsdomizilen dieser Art sollte man in der Hauptsaison frühzeitig buchen, z. B. bei örtlichen Fremdenverkehrsbüros, über große Reiseveranstalter oder Spezialanbieter:

Pierre & Vacances

- Kaltenbornweg 1–3 | 50679 Köln
  Tel. 0221/973 03 00
  www.pierreetvacances.com

Inter Chalet

- Heinrich-von-Stephan-Str. 25
  79100 Freiburg
  Tel. 0761/21 00 77
  www.interchalet.de

CAMPING

Wildes Campen ist in Frankreich verboten, es sei denn, man hat die ausdrückliche Erlaubnis des Grundbesitzers. Gleiches gilt für das Abstellen von Wohnmobilen. Das Land verfügt über zahlreiche private und kommunale Plätze (Verzeichnis unter www.campingfrance.com). Auf manchen werden voll ausgestattete Wohnmobile und Bungalows vermietet. Für Camping auf dem Bauernhof bekommt man Adressen bei den Fremdenverkehrsämtern > S. 153 oder örtlichen Tourismusbüros.

CHARMANT ÜBERNACHTEN

- **Hotel La Mirande** in einem Stadtpalast des 18. Jhs. neben dem Palais des Papes in Avignon > **S. 93.**
- **Hotel Mas de L'Oulivie** bei Les Baux-de-Provence. Das malerisch in den Alpilles gelegene Haus ist von Lavendelfeldern und Olivenbäumen umgeben > **S. 94.**
- **La Bastide du Cours** im Herzen von Aix-en-Provence. Dekorationsfreudiger als in den elf Zimmern dieses reizenden Stadthotels geht es kaum > **S. 95.**
- **Hôtel Marquis de la Baume** in Nîmes. Historischer Charme und moderner Komfort ergänzen sich in diesem Palast aus dem 17. Jh. auf ideale Weise > **S. 100.**
- **Clos la Boëtie** in der Altstadt von Sarlat-la-Canéda. Romantiker können hier in fürstlichen Himmelbetten nächtigen > **S. 141.**

Die Camargue ist Südfrankreichs wilder Westen – hier züchten Manadiers schwarze Stiere für die Arenen der Provence

LAND & LEUTE

STECKBRIEF

- **Fläche:** ca. 260 000 m²
- **Bevölkerung:** 24 Mio. Menschen
- **Küsten:** 600 km am Mittelmeer, ca. 400 km am Atlantik
- **Höchste Erhebungen:** Balaïtous (3146 m) in den Pyrenäen; Mont Blanc (4807 m) in den Alpen
- **Tiefster Punkt:** Rhône-Delta
- **Regionen mit Hauptstädten** (neue Aufteilung seit der Regionalreform 2016): Nouvelle Aquitaine (früher Aquitaine, Poitou-Charentes, Limousin): Bordeaux; Occitanie (früher Languedoc-Roussillon, Midi-Pyrénées): Toulouse; Auvergne-Rhône-Alpes (früher Auvergne, Rhône-Alpes): Lyon; Provence-Alpes-Côte d'Azur (unverändert): Marseille.
- **Landesvorwahl:** 00 33
- **Währung:** Euro (€)
- **Zeitzone:** MEZ mit Sommerzeitregelung wie in Deutschland.

LAGE UND LANDSCHAFT

Südfrankreich dehnt sich südlich einer imaginären Linie zwischen Annecy in den Alpen und La Rochelle an der Atlantikküste bis an die italienische Grenze im Osten, ans Mittelmeer und die Pyrenäen im Süden und an die Küste von Aquitanien im Westen aus.

Dass es sich bei dieser Großregion um einen landschaftlich sehr vielfältigen Landesteil handelt, wird schon in den Bergregionen deutlich, deren Spektrum von den schneebedeckten Gipfeln der Alpen und Pyrenäen zu den grünen Vulkankegeln der Auvergne reicht. Sehr unterschiedlich sind auch die Küsten, die sich entlang der Côte d'Azur steil und zerklüftet zeigen, während sie im Languedoc überwiegend aus langen, flachen Sandstränden bestehen. Sümpfe und Salzwasserlagunen sind charakteristisch für die Camargue, während an der Atlantikküste Dünen und ausgedehnte Pinienwälder das Bild prägen. Im Hinterland findet man fruchtbares Schwemmland wie z. B. in der Roussillon-Ebene, aber auch karge, nur spärlich mit Macchia bewachsene Hochflächen wie in den Cevennen oder der Haute Provence.

NATUR UND UMWELT

In Frankreich gibt es 10 Nationalparks (www.parcsnationaux.fr) und 53 regionale Naturparks (www.parcs-naturels-regionaux.fr), von denen 6 bzw. 24 im Süden liegen. Vom Aussterben bedrohte Tierarten wurden wieder angesiedelt: Ein Beispiel sind die Gänsegeier im Naturpark der Cevennen.

Den Franzosen wird oft mangelndes Umweltbewusstsein nachgesagt. In den einzelnen Regionen gibt es jedoch zahlreiche Initiativen zum Schutz der Umwelt. Viele wollen sich von den grünen Parteien Frankreichs abgrenzen, die eher zentralistisch agieren und denen man deshalb misstrauisch begegnet.

Im Sommer zerstören immer wieder verheerende Waldbrände die trockene Vegetation. In der Folge werden die ungeschützten Böden durch Erosion abgetragen. Mit kostenintensiven Programmen zur Wiederaufforstung will man der Verödung der abgebrannten Zonen entgegenwirken. Der verbreiteten Brandstiftung durch Bodenspekulanten begegnet man seit einigen Jahren mit einer verschärften Gesetzgebung.

Viele Küstenorte haben zum Abbau der Verschmutzung des Mittelmeers Kläranlagen errichtet. Laut einer jährlichen Kontrolle des Umweltministeriums ist die Wasserqualität, von einzelnen Bereichen in Großstadtnähe einmal abgesehen, inzwischen gut.

POLITIK

Frankreich ist eine zentralistisch organisierte Demokratie mit einem semipräsidentiellen Regierungssystem. Der direkt vom Volk für eine Amtszeit von fünf Jahren gewählte Staatspräsident nimmt eine starke Stellung ein und ernennt u. a. den Premierminister.

Das Parteiengefüge variiert von Département zu Département. Traditionsgemäß wählt der Südwesten eher links, die Côte d'Azur hingegen konservativ, wenn nicht gar rechtsextrem. Das zeigten jedenfalls die Ergebnisse bei den Kommunalwahlen 2014 in Fréjus, wo der Front-National-Kandidat als Bürgermeister ins Rathaus einzog.

Bei den Präsidentschaftswahlen im April und Mai 2017 zeigte sich in Fréjus ein ähnliches Bild. Die FN-Kandidatin Marine Le Pen landete im ersten Wahlgang mit 33,5 % der Stimmen auf dem ersten Platz. Bei der nachfolgenden Stichwahl blieb Le Pen mit 50,71 % der Stimmen ein weiteres Mal siegreich gegenüber dem neuen Präsidenten Emmanuel Macron mit 49,29 %.

WIRTSCHAFT

Die Wirtschaft Südfrankreichs besitzt im Weinanbau und Tourismus nach wie vor wichtige Säulen. Aber Industrie und Forschung holen auf. Beste Beispiele sind die Flug- und Raumfahrtunternehmen in Toulouse und Umgebung, neue Biotechnologiefirmen um Lyon und der weiter wachsende Technologie- und Wissenschaftspark Sophia-Antipolis im Hinterland von Nizza.

Noch im Bau ist der Internationale Thermonukleare Versuchsreaktor ITER (www.itercad.org) in Cadarache nordöstlich von Aix-en-Provence, der von den sieben gleichberechtigten Partnern EU, Japan, Russland, China, Südkorea, Indien und USA gemeinschaftlich entwickelt und betrieben wird.

GESCHICHTE IM ÜBERBLICK

40 000–10 000 v. Chr. In der Jungsteinzeit lebt in Südwestfrankreich der Cromagnonmensch. In Grotten wie Lascaux, Niaux, Pech-Merle und Vallon-Pont d'Arc wurden seine Felsbilder gefunden.
600 v. Chr. Das griechische Massalia entsteht nach der Landung phokäischer Schiffe an der Stelle des heutigen Marseille.
ab 300 v. Chr. Im Süden Frankreichs leben Iberer und Ligurer. Sie vermischen sich mit den Kelten, die in die Provence eindringen.
58–51 v. Chr. Cäsar unterwirft Gallien und gliedert es dem Römischen Reich ein.
150–400 Verbreitung des Christentums in Gallien. Das Imperium Romanum zerfällt.
481–511 Am Ende der Eroberungszüge Chlodwigs I. steht der Sieg der fränkischen Merowinger.
8.–10. Jh. Araber dringen 719 in den Südwesten ein. Karl Martell stoppt ihren Eroberungszug 732. 778 unterliegen die Truppen Karls des Großen in der Schlacht von Roncesvalles den Arabern.
843 Der Vertrag von Verdun teilt das Karolingerreich Ludwigs des Heiligen unter dessen Söhnen auf, im Südwesten herrscht Karl der Kahle, im Südosten Lothar I.
11. Jh. Die Initiative zu Kreuzzügen geht von Frankreich aus. Von Aigues-Mortes legen die Schiffe in Richtung Heiliges Land ab.
12./13. Jh. Die Verweltlichung der römischen Kirche führt ab Mitte des 12. Jhs. zu Reformbestrebungen. Papst Innozenz III. und der französische König verbünden sich zum Kreuzzug gegen die Albigenser, deren Zentren u. a. Toulouse, Carcassonne und Albi sind. 1229 endet der Krieg und hinterlässt das Land verwüstet. 1271 fällt das Languedoc an Frankreich.
1152 Eleonore von Aquitanien heiratet Heinrich von Plantagenet, Graf von Anjou und später König von England. Ihre Besitzungen, die Guyenne, die Gascogne und das Poitou, fallen dadurch unter englische Herrschaft. Dies führt zu Kämpfen zwischen England und Frankreich, zuletzt zum Hundertjährigen Krieg.
14. Jh. Philippe IV. lehnt sich gegen den universalen Herrschaftsanspruch des Papsttums auf. Er zwingt Papst Clemens V. 1309, seinen Sitz in Avignon einzurichten, das fast 70 Jahre lang Residenz des Gegenpapstes bleibt.
15. Jh. Nach dem Ende des Hundertjährigen Krieges machen Marodeure das Land unsicher und gefährden den Handel.
16./17. Jh. Die Kolonien verhelfen zu ungeahntem wirtschaftlichem Aufschwung. Die südfranzösischen Häfen gewinnen an Bedeutung.
1610–1685 Louis XIV. widerruft das Edikt von Nantes. Viele der für Frankreichs Ökonomie wichtigen Hugenotten gehen ins Exil.
1789 Die Französische Revolution setzt sich auch im Süden durch.

1799 Napoleon übernimmt die Macht als erster Konsul, wird 1805 Kaiser und 1814 abgesetzt.
1815 Napoleon kehrt aus der Verbannung auf Elba über Cannes und Grenoble nach Paris zurück.
1860 Nizza und Savoyen werden nach einem Plebiszit Frankreich angeschlossen.
1914–1918 Der Erste Weltkrieg fordert auch in Südfrankreich viele Opfer.
1939–1945 Die deutsche Wehrmacht besetzt große Teile Frankreichs. Vichy wird Sitz der mit den Nazis kollaborierenden Regierung Pétain. Im August 1944 befreien die Alliierten Südfrankreich.
2004 Mit dem Viaduc du Millau wird die höchste Autobahnbrücke der Welt dem Verkehr übergeben.
2007 Nach seinem Sieg bei der Stichwahl am 6. Mai wird der Konservative Nicolas Sarkozy neuer Staatspräsident.
2008 Der 1940 in Nizza geborene Jean-Marie Gustave Le Clézio erhält den Nobelpreis für Literatur.

Seit der Eröffnung des Viadukts von Millau gehören Staus der Vergangenheit an

2013 Marseille ist europäische Kulturhauptstadt.
2014 Eröffnung der Caverne du Pont d'Arc, einer Nachbildung der legendären Chauvet-Höhle.
2017 Der sozialliberale Emmanuel Macron gewinnt die französischen Präsidentschaftswahlen.
2019 Jahr der Gastronomie in der Provence mit vielen Events rund um die Kochkunst.

DIE MENSCHEN

Kelten, Griechen, Römer und Sarazenen haben ihre Spuren in der Region hinterlassen, die zuerst von Iberern und Ligurern besiedelt war. Viele Völker, unterschiedliche Religionen und verschiedenste Geistesströmungen fanden in Südfrankreich zusammen und konnten in einem politischen Klima relativer Toleranz über Jahrhunderte gedeihen.

Umso schmerzlicher erscheint daher der Niedergang des Herrscherhauses der Grafen von Toulouse im 12./13. Jh. Die religiöse Bewegung der Katharer lieferte dann dem französischen König einen guten Anlass, den blühenden Süden seinem nordfranzösischen Reich einzuverleiben. Unter der Monarchie gingen im Lauf der Zeit viele regionale Eigenständigkeiten verloren. Vereinheitlichend wirkten sich insbesondere der Absolutismus von Louis XIV. und der Despotismus Napoléons aus. Der damals entstandene Zentralismus zeigt bis heute seine Folgen. Besonders die Landbevölkerung spricht mit ironischen Untertönen von der Landeshauptstadt und empfindet tiefes Misstrauen gegenüber der Zentralregierung.

Auch in der jüngeren Vergangenheit zog Südfrankreich Zuwanderer unterschiedlichster Nationalitäten an. Im 19. Jh. waren es vorwiegend Italiener, in der ersten Hälfte des 20 Jhs. ließen sich verstärkt Spanier und Portugiesen nieder und nach der Unabhängigkeit der Kolonien in Französisch-Nordafrika Algerier, Marokkaner und Tunesier.

Muslime aus dem Maghreb stellen heute in vielen Großstädten einen nicht unerheblichen Bevölkerungsanteil. Ihre Religionsausübung bringt sie zuweilen in Konflikt mit dem französischen Laizismus (Trennung von Religion und Staat), so löst das Tragen von Kopftüchern in staatlichen Schulen immer wieder Kontroversen aus. Religiöse Radikalisierung und Bandenkriminalität sind heute Probleme, mit denen fast jede Stadt des Midi zu kämpfen hat. In ihnen manifestiert sich eine gescheiterte Integrationspolitik: Viele Jugendliche aus dem Maghreb sind arbeitslos und haben keine Zukunftsperspektive.

KUNST & KULTUR

VORGESCHICHTLICHE ZEIT

Südfrankreich rühmt sich, im Besitz einiger der frühesten künstlerischen Äußerungen des Menschen zu sein: Vor allem die Dordogne und die Ardèche-Schlucht sind reich an Höhlenmalereien aus der späten Altsteinzeit. An zum Teil schwer zugänglichen Stellen malten die Menschen geometrische Muster und Tiere auf die oft unebenen Felswände. Wahrscheinlich waren religiöse Vorstellungen die Triebfeder für die künstlerische Betätigung.

GRIECHEN UND RÖMER

Nur spärlich sind Reste griechischer Architektur erhalten, die man meist unter römischen Ruinen suchen muss, so etwa im ersten Hafen von Marseille oder in den Ausgrabungen von Glanum in den Alpilles. Römische Monumentalbauten dagegen prägen noch heute die Zentren provenzalischer Städte wie Arles, Nîmes und Orange, und die Theater und Arenen werden wieder benutzt. In Vienne und Nîmes blieben schöne Beispiele römischer Tempel erhalten. Eine Meisterleistung römischer Ingenieure ist der Pont du Gard, Kernstück eines Äquadukts, das einst Quellwasser aus den nahen Bergen nach Nîmes brachte.

ROMANIK UND GOTIK

Romanische Architektur und Plastik sind im Midi auf vielfältige Weise vertreten. Während man in Toulouse und in den Klöstern am Nordhang der Pyrenäen ihre Entstehung studieren kann, zeigt die Provence, wo man sich stark an antiken Vorbildern orientierte, die Spätphase des Stils. Die Gotik wurde Südfrankreich fast wie eine fremde Kultur aufgezwungen und nach dem Anschluss des Languedoc an Frankreich als Baustil der Kapetinger propagiert. In Narbonne, Toulouse und auch in Limoges wurde mit dem Bau neuer Kathedralen begonnen. Erst später gelangen eigenständige südfranzösische Schöpfungen. Einer der größten profanen Baukomplexe der Gotik ist der Papstpalast in Avignon › S. 93.

Der Pont du Gard bei Nîmes ist eine Meisterleistung antiker Baukunst

DIE BASTIDEN

Eine Antwort auf die harten Lebensbedingungen während der Auseinandersetzungen zwischen England und Frankreich waren die Bastiden, die im 13./14. Jh. in Aquitanien gleich massenhaft aus dem Boden gestampft wurden. Diese kleinen, stark befestigten Städte mit rechtwinkligem Straßennetz, Kirche und zentralem Marktplatz dienten als Fluchtburgen und sollten die teils mit Privilegien ausgestattete Bevölkerung im Grenzgebiet halten bzw. anziehen. Carcassonne › S. 113 oder auch Montauban › S. 143 sind bekannte Bastiden.

DER JAKOBSWEG

Im 11. und 12. Jh. verbanden verschiedene Routen des Jakobswegs nach Santiago de Compostela in Spanien bedeutende Wallfahrtsorte. Von der spirituellen und wirtschaftlichen Bedeutung der Wallfahrt zeugen allein die Ausmaße der Kirchen, deren Baumeister vor allem regionalen Traditionen folgten.

NEUZEIT

Während der Wiederaufbauphase nach dem 1453 beendeten Hundertjährigen Krieg wurden die letzten Gebäude in spätgotischem Stil errichtet, bevor die Renaissance Einzug hielt. Doch machte sich nun der Einfluss der Zentralmacht in Paris bemerkbar, unter dem die südfranzösische Kunst spürbar an Originalität einbüßte. Spätestens seit dem Regierungsantritt von Louis XIV. waren der Hof und Paris tonangebend, der Midi wurde zur Provinz. Erst im 19. Jh. gelang es dem Süden, ein neues Selbstbewusstsein zu entwickeln. Das zeigen vor allem die Bemühungen um die Regionalsprachen, allen voran die Langue d'Oc, um die sich der Dichter Frédéric Mistral verdient gemacht hat.

MALEREI

Die Maler schätzten am Süden vor allem das Licht – und die Tatsache, dass man dort billig leben konnte. Paul Cézanne ließ sich in Aix-en-Provence nieder, van Gogh ging 1888 nach Arles. Das Fischerdorf L'Estaque bei Marseille war ein beliebter Treffpunkt, wo u. a. Renoir (der sich später nach Cagnes-sur-Mer an der »Côte« zurückzog) und Georges Braque gerne arbeiteten. Eine ähnliche Rolle spielte Collioure für die Fauves. Paul Signac hatte St-Tropez unter Künstlern populär gemacht. Chagall, Matisse und natürlich Picasso zog es immer wieder in den Süden, wo sie sich zeitweilig längerfristig niederließen. Victor Vasarély verliebte sich in das provenzalische Dorf Gordes. Liebhabern der klassischen Moderne können die Museen an der Côte d'Azur aus gutem Grund nicht warm genug ans Herz gelegt werden!

MODERNE ARCHITEKTUR

- **MuCem in Marseille.** Der kubische Bau von Rudy Ricciotti ist an der Meerseite mit einer netzartigen Betonfassade versehen > S. 96.
- **Carré d'Art in Nîmes.** Eleganter Museumsbau von Norman Foster, in dessen gläserner Fassade sich der benachbarte römische Tempel spiegelt > S. 100.
- **Viertel Antigone in Montpellier.** Postmodernes Ensemble, bei dem Ricardo Bofill auf antike Bauformen zurückgriff > S. 108.
- **Viaduc du Millau.** Die atemberaubende Brückenkonstruktion entstand ebenfalls nach Plänen von Norman Foster > S. 110.
- **Tribunal de Grande Instance in Bordeaux.** Das Gerichtsgebäude von Richard Rogers macht Justiz im wahrsten Sinne des Wortes transparent > S. 132.

ARCHITEKTUR

Die architektonische Moderne hielt im Midi 1947 Einzug – mit Le Corbusiers Cité radieuse in Marseille. Das 17-stöckige Wohnhaus sollte dem französischen Städtebau den Weg in die Zukunft weisen. Ein städtebauliches Großprojekt der 1960er-Jahre war der Retortenbadeort La Grande Motte > S. 111, bei dessen Pyramidenhäusern sich der Architekt Jean Balladur an mexikanischen Tempelanlagen orientierte. Seit den 1980er-Jahren haben internationale Stararchitekten in Südfrankreich mehrere Projekte ausgeführt, die weltweit Aufmerksamkeit erregten > Seitenblick links.

FESTE & VERANSTALTUNGEN

Irgendwo wird in Südfrankreich immer gefeiert. Der Kalender quillt über von religiösen, kulturellen, sportlichen und kulinarischen Events. Über Termine und Programme informieren die Fremdenverkehrsämter.

FESTKALENDER

Januar/Februar: Festival de la Bande Dessinée in Angoulême (Comicfestival, www.bdangouleme.com).

Februar/März: Carneval de Nice (www.nicecarnaval.com); **Zitronenfest** in Menton (www.fete-du-citron.com).

April/Mai: Printemps du Rire in Toulouse mit humoristischen Veranstaltungen (www.printempsdurire.com).

Mai: Internationale Filmfestspiele in Cannes (www.festival-cannes.fr); **Fest des Almauftriebs** im Aubrac (www.transhumanceaubrac.fr); **Zigeunerwallfahrt** in Stes-Maries-de-la-Mer (www.saintesmaries.free.fr); **Formula 1 Grand Prix de Monaco** (www.acm.mc).

Juni: Tarasque-Fest in Tarascon (www.tarascon.org).

Juli/August: Festival d'Aix in Aix-en-Provence mit klassischer Musik (www.festival-aix.com); **Nationalfeiertag** am 14. Juli; **Festival d'Art Pyrotechnique** in Cannes (Feuerwerksspektakel, www.festival-pyrotechnique-cannes.com); **Pablo-Casals-Festspiele** in Prades (www.prades-festival-casals.com); **Jazzfestival** in Antibes/Juan-les-Pins (www.jazzajuan.com); **Chorégies** in Orange (Opernfestspiele, www.choregies.fr); **Festival** in Avignon (www.festival-avignon.com); **Internationales Jazzfestival** in Marciac (www.jazzinmarciac.com); **Festival de Musique** in Menton (www.festival-musique-menton.fr); **Rencontres Internationales de la Photographie** in Arles (Veranstaltungen rund um die Fotografie, www.rencontres-arles.com); **Joutes nautiques** (Fischerstechen) in Sète.

September: Marathon du Médoc bei Bordeaux (www.marathondumedoc.com); **Tanzfestival** in Lyon (www.labiennaledelyon.com).

Oktober: Frairie des Petits Ventres (gastronomisches Fest) in Limoges (www.facebook.com/frairiedespetitsventres); E-Rallye Monte Carlo (www.acm.mc).

November: Foire de la St-Siffrein in Carpentras (www.foire-saint-siffrein-carpentras.com).

Dezember: Fête des Lumières in Lyon, Lichterfest mit optischen Installationen (www.fetedeslumieres.lyon.fr).

Showdown für Lucky Luke beim Festival de la Bande Dessinée in Angoulême

ENTSPANNT & SCHÖPFERISCH

Beim Kochen Französisch lernen – so macht Vokabelpauken Spaß

Allein mit »Bonjour« und »Merci« oder einem gestammelten »Avez-vous ... ääää« kommt man in Frankreich weder beim Einkaufen noch im Restaurant sonderlich weit. Ergiebiger als schiere Vokabelpaukerei ist ein Sprachkurs vor Ort. Wer der Kultur des sympathischen Gastlandes näher kommen möchte, kann stattdessen auch Mal-, Zeichen- und Kochkurse oder ein Weinseminar buchen.

MAL- UND KREATIVKURSE

Unter professioneller Anleitung mit Pinsel und Zeichenstift die wunderschöne Landschaft der Vaucluse erkunden kann man im **Atelier Brigitte Orth** in der Nähe der Ortschaft Vaison la Romaine.

Zeichnen, Aquarellieren, Malen mit Erdfarben, Acryl, Gouache oder Öl, die Anfertigung von Radierungen und Litografien oder Modellieren mit Ton, Draht, Muschelkalk, Gewebe oder Gips – all diese kreativen Möglichkeiten bietet der Künstler **Ingo Hoffmann** in seinem Atelier in der Ortschaft Boulbon, die im Dreieck zwischen Avignon, Nîmes und Arles liegt.

Für Einsteiger sind die einwöchigen Mal- und Zeichenkurse von **L'Ancien Monastère** gedacht. Maximal sechs Teilnehmer können in einem ehemaligen Kloster des 16. Jhs. unter professioneller Anleitung ihr künstlerisches Potenzial entwickeln.

- **Atelier Brigitte Orth** O9
  Frankfurter Str. 120 | 61118 Bad Vilbel
  Tel. 06101/80 35 35 | www.atelierorth.de
- **Atelier Art Provence Hoffmann** P9
  1, L'Andrône des Remparts
  13150 Boulbon | Tel. 04 90 43 90 92
  www.kreativurlaub.com

- **L'Ancien Monastère** 08
  Le Haut Toupian
  30630 Goudargues (am Südende der Cèze-Schlucht im Département Gard)
  Tel. 07 84 59 59 68
  www.ancienmonastereholidays.com

SPRACHKURSE

Der locker-familiäre Lehrbetrieb der **Dialog-Sprachkurse International** findet in gut ausgestatteten Instituten in mehreren Städten Südfrankreichs statt.

Die professionellen Sprachkurse von **EF Düsseldorf** richten sich an alle Altersgruppen und werden in Nizza und Saint-Raphaël an der Côte d'Azur abgehalten.

Bei den diplomierten Lehrkräften von **ELSTA Sprachreisen** sind erwachsene Kursteilnehmer in Nizza, Montpellier und Toulouse gut aufgehoben, Schüler und Jugendliche in Antibes und Cannes.

- **Dialog-Sprachkurse International**
  Eisenbahnstr. 41 | 79098 Freiburg
  Tel. 0761/28 64 70
  www.dialog.de
- **EF Düsseldorf**
  Königsallee 92a | 40212 Düsseldorf
  Tel. 0211/68 85 70
  www.ef.de
- **ELSTA-Sprachreisen**
  Robert-Koch-Str. 3 | 80538 München
  Tel. 089/22 49 99
  www.elsta-sprachreisen.de

KOCHKURSE

Jean-Marc Villard war zehn Jahre lang Leiter des Institut Paul Bocuse in Lyon, ehe er bei Avignon seine eigene Kochschule gründete. Im **Atelier de Cuisine Gastronomique Jean-Marc Villard** veranstaltet er heute seine populären Kurse für Anfänger und Fortgeschrittene.

Als Gast der charmanten **Hostellerie Bérard** im Hinterland der Côte d'Azur lernt man provenzalische Küche und Weine auch ganz praktisch kennen.

Die **École des Trois Ponts** residiert in einem stilvollen Anwesen nahe bei Lyon. Man lernt hier das Kochen und übt sich gleichzeitig in der französischen Sprache.

- **Atelier de Cuisine Gastronomique Jean-Marc Villard** Q9
  409 bis, chemin du Carraire
  84660 Maubec-en-Luberon
  Tel. 06 03 58 30 34
  www.cuisinedechef.com
- **Hostellerie Bérard & SPA** R11
  83740 La Cadière d'Azur
  Tel. 04 94 90 11 43
  www.hotel-berard.com
- **École des Trois Ponts** N2
  Villa Beaulieu | 645, rue Marechal Foch
  42153 Riorges
  Tel. 04 77 71 53 00
  www.3ponts.edu

WEINSEMINARE

Bei den Seminaren und Wochenendkursen der **École du Vin** des Fachverbands für Bordeaux-Weine CIVB geht es natürlich auch um trockene Theorie. Besonderes Augenmerk liegt jedoch auf der Verkostung im weltweit größten Anbaugebiet von Spitzenweinen.

- **École du Vin** C6
  1, cours du 30 juillet
  33075 Bordeaux
  Tel. 05 56 00 22 85
  www.bordeaux.com/fr/ecoleduvin

ESSEN & TRINKEN

Böse Zungen behaupten, eine abwechslungsreiche Küche habe in Frankreich erst im 16. Jh. mit Katharina von Medici, der italienischen Gattin von König Henri II., Einzug gehalten. Für den Süden trifft dies jedenfalls nicht zu, denn die Tradition der Esskultur reicht hier viel weiter zurück.

Heute setzt die Fast-Food-Welle amerikanischer Machart mancherorts alles daran, die traditionelle Gastronomie in Bedrängnis zu bringen, und sie hat sich vor allem in den touristischen Kerngebieten schon stark ausgebreitet. Immer mehr Gastwirte setzen jedoch zur Freude ihrer in- und ausländischen Gäste auf bewährte regionale Spezialitäten.

SPEZIALITÄTEN

Im Lauf der Zeit hat sich aus so manchem Armeleuteessen eine Delikatesse entwickelt, wie das Beispiel *bouillabaisse* zeigt. Ursprünglich eine simple Fischsuppe, gilt sie jetzt als Visitenkarte vieler Lokale. Ähnlich verhält es sich mit *ratatouille*, ursprünglich ein einfacher bäuerlicher Eintopf aus preisgünstigem Gemüse wie Tomaten, Auberginen, Zucchini und Paprika. Mit gutem Olivenöl und frischen Kräutern wird daraus ebenso leichtes wie köstliches Sommergericht. Aus Castelnaudary stammt das *cassoulet*, ein einfacher Bohneneintopf, der seine gastronomischen Weihen erhielt, nachdem man ihn mit eingelegtem Gänsefleisch angereichert hatte.

In den Alpengebieten verführen mit Käse gefüllte Ravioli und Nusskuchen zu Kaloriensünden. Eine Spezialität aus Nizza ist die *socca*, ein im Holzofen auf großen runden Blechen gebackener Fladen aus Kichererbsenmehl, gewürzt mit ein paar Tropfen Olivenöl, Kräutern der Provence und viel schwarzem Pfeffer. Eine ganz besondere Form hat *fougasse*, ein Brot aus Hefeteig, der mit Oliven, getrockneten Tomaten oder Sardellen aromatisiert wird, in Grasse auch mit Orangenblüten.

An der Atlantikküste kommt viel Fisch auf den Tisch, der im Baskenland durch Paprika und Piment seine pikante Würze erhält. Vielerorts ist nach wie vor die krankhaft vergrößerte Gänsestopfleber beliebt. Mit Trüffeln verfeinert bezeichnet man sie als *foie gras truffé*.

In der Provence dreht sich vieles um die Olive. Die *tapenade*, eine Paste aus dem Fruchtfleisch von Oliven, Kräutern und Anchovis, hat einen nicht minder würzigen Geschmack als die Knoblauchmayonnaise *aïoli*. In den Bergregionen des Languedoc gehört auf den Sonntagstisch gut gewürztes Lammfleisch, *agneau*, oder ein Kaninchen in Senfsoße, *lapin à la moutarde*. Im Roussillon werden am Ostermontag und an Pfingsten bei der *cargolade* Schnecken, *escargots*, auf dem Holzkohlengrill gegart und zusammen mit reichlich Rotwein unter freiem Himmel verspeist.

KÄSE

Käse wird wie in ganz Frankreich hoch geschätzt. Für jeden Tag des Jahres eine andere Sorte: Dieser Vielfalt rühmt man sich gern. In den Kellereien von Roquefort reift der gleichnamige Blauschimmelkäse. Ähnliche Schafskäse werden in der Auvergne und auf den Hochebenen der Causses produziert.

Neben Schafen sind Ziegen zuverlässige Milchlieferanten für würzige Käsesorten. In den Pyrenäen und den Alpengebieten wird vor allem Kuhmilch zu großen Käselaiben verarbeitet. Im Aubrac sind es die gleichnamigen Kühe, die für die Basis der wichtigsten Zutat des *aligot* sorgen, eines Pürees aus Bergkäse und Kartoffeln.

KAFFEE, WEIN UND PASTIS

Der *apéritif* ist aus dem Leben der Südfranzosen nicht wegzudenken. Man trifft sich im Bistro, auf der Terrasse eines Cafés oder zu Hause, um mit Pastis, Porto, Muscat, Whisky oder dem in der Cognac-Region verbreiteten Pineau den Appetit anzuregen. Kaffee wird als *express* nach dem Essen getrunken.

Zum eher bescheidenen Frühstück, Croissants oder Baguette mit Marmelade, gehört ein *café au lait*, serviert in der *bol*. Am Abend wird manchmal eine *infusion* oder *tisane* (Kräutertee) bevorzugt. Der Begriff *thé* ist im Französischen dem Schwarztee vorbehalten.

Zum Essen wird üblicherweise Wein getrunken. Außer den bekannten Lagen entlang der Rhône, den Weinen der Corbières und den Bordeauxweinen aus Margaux, St-Emilion und Sauternes gibt es einige aufstrebende Gebiete, in denen edle, von Kennern geschätzte Tropfen gekeltert werden. Die Madiran-Weine, der sehr kräftige Bandol, einige Minervois oder ein Bergerac gehören dazu.

Den würdigen Abschluss einer Mahlzeit bildet der *digestif*, ein Verdauungsschnaps. Beliebt sind die regionalen Weinbrände Cognac und Armagnac.

GENIESSER-ADRESSEN

- **Restaurant Louis XV.** in Monte Carlo. Hier speist man wie ein König – auch das Ambiente ist entsprechend > S. 70.
- **Bastide St-Antoine** in Grasse. In einem Landhaus aus dem 18 Jh. wird den Aromen der Provence gehuldigt > S. 77.
- **Le Pavillon des Boulevards** in Bordeaux. Intimes Lokal mit schöner Gartenterrasse; Küche und Weinkarte sind gleichermaßen einfallsreich > S. 134.
- **Christopher Coutanceau** in La Rochelle. Köstlichkeiten aus dem Atlantik, gekonnt zubereitet und kunstvoll angerichtet > S. 136.
- **L'Essentiel** in Périgueux. Der Name deutet es schon an: In dem Michelin-besternten Restaurant stehen erstklassige Zutaten im Mittelpunkt > S. 140.

Im waldreichen Luberon klammern sich in steilwandigen Tälern malerische Dörfer an Felshänge

TOUREN & SEHENSWERTES

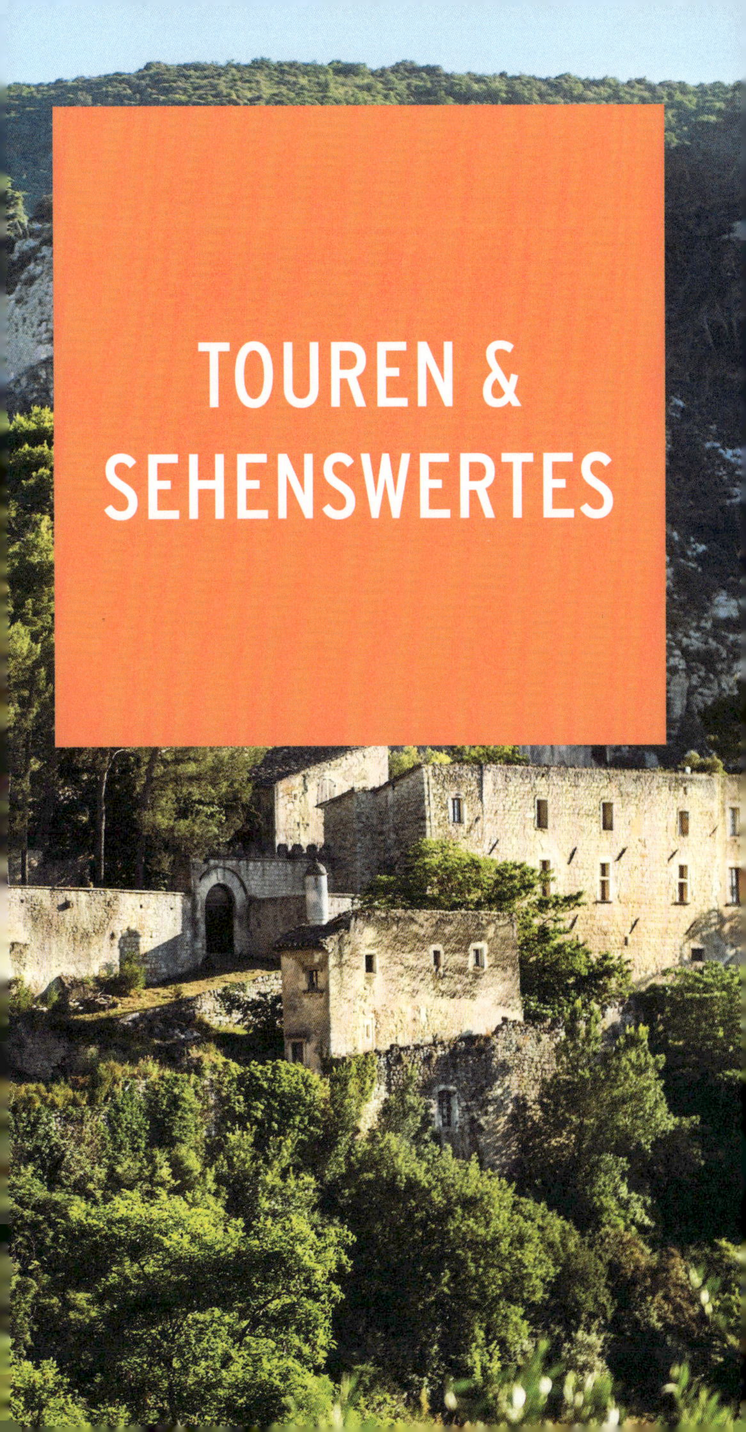

FRANZÖSISCHE ALPEN

Lavendel prägt die Gegend um Digne-les-Bains, wo im August zu Ehren der Pflanze ein Fest stattfindet

Die grandiose Berglandschaft mit ihren schroffen Gipfeln und tiefen Schluchten bildet den spektakulären Rahmen für Outdooraktivitäten, und die Boomtown Grenoble trägt zum Bild der Region urbane Facetten bei.

Obwohl auch in den französischen Alpen die Zeit nicht stehen geblieben ist, gibt es immer noch Almen voller Wiesenblumen, Kuhglockengeläut und kleine Bergdörfer, in denen mittlerweile Autos mit ausländischen Kennzeichen häufiger auftauchen als von Ochsen oder Pferden gezogene Heukarren. Die beeindruckende Berglandschaft mit ihren schroffen Gipfeln und kristallklaren Seen zieht Wanderer und Skifahrer an, mehrere Naturparks bieten seltenen Alpentieren und -pflanzen Schutz. Auf Erholungsuchende warten traditionsreiche Kurorte mit modernen Thermalbädern. Neben Naturwundern wie den Gorges du Verdon, die allein schon eine Reise in diesen Landesteil rechtfertigen, gibt es auch hübsche Orte wie Briançon, Castellane und Moustiers-Ste-Marie zu sehen. Reges Stadtleben herrscht in der alten Universitätsstadt Grenoble, dem boomenden Zentrum der Region.

TOUREN IN DER REGION

TOUR 1

GIPFELRUNDE IN DEN HOCHALPEN

ROUTE: Grenoble › Alpe d'Huez › Briançon › Col d'Izoard › Col de Vars › Barcelonnette › Lac de Serre-Ponçon › Gap

KARTE: Seite 54
DISTANZEN: 310 km; 2 Tage
VERKEHRSMITTEL:
- Bei dieser Tour ist man auf einen Pkw angewiesen.

TOUR-START:

Östlich von **Grenoble** 4 › S. 58 führt die RN 91 zunächst nach **Alpe d'Huez** 5 › S. 59, ein über 21 steile Serpentinen erreichbares Etappenziel der Tour de France. Durch einsame, wunderschöne Berglandschaft führt eine Nebenstrecke über den 1999 m hohen Col de Sarenne auf die RN 91 zurück, die Durchgangsstraße im Romanche-Tal. Die hinter mächtigen Mauern liegende Altstadt von **Briançon** 6 › S. 59 zählt zum UNESCO-Welterbe.

Nach der Stadtbesichtigung setzt man die Fahrt auf der D 902 in südöstlicher Richtung fort. Über den 2360 m hohen **Col d'Izoard,** der ebenso wie Briançon an der berühmten **Route des Grandes Alpes** liegt, fährt man weiter in den **Parc Naturel Régional du Queyras** (www.pnr-queyras.fr), ein Gebiet mit urwüchsigen Siedlungen, Lärchenwäldern und Almen. Über das Wintersportzentrum **Vars** bzw. den 2111 m hohen **Col de Vars** erreicht man das Städtchen **Barcelonnette** 9 › S. 60 im Ubaye-Tal mit einer schier unbegrenzten Palette an Freizeitmöglichkeiten. Vorbei am Stausee **Lac de Serre-Ponçon** 8 › S. 60, über dem häufig Gleitschirmflieger am Himmel kreisen, gelangt man nach **Gap** 7 › S. 60 mit seiner von pastellfarbenen Fassaden geprägten Altstadt.

TOUREN IN DEN FRANZÖSISCHEN ALPEN

TOUR 1

GIPFELRUNDE IN DEN HOCHALPEN

Grenoble › Alpe-d'Huez › Briançon › Col d'Izoard › Col de Vars › Barcelonnette › Lac de Serre-Ponçon › Gap

TOUR 2

FRANZÖSISCHE SEEALPEN

Digne-les-Bains › Castellane › Grand Canyon du Verdon › Moustiers-Ste-Marie › Riez › Rochers des Mées › Digne-les-Bains

TOUR 3

PARC NATIONAL DES ÉCRINS

Grenoble › Le Bourg d'Oisans › St-Christophe-en-Oisans › La Bérarde › Parc National des Écrins

TOUR 2

FRANZÖSISCHE SEEALPEN

ROUTE: Digne-les-Bains > Castellane > Grand Canyon du Verdon > Moustiers-Ste-Marie > Riez > Rochers des Mées > Digne-les-Bains

KARTE: Seite 54
DISTANZEN: ca. 170 km; 1–2 Tage
PRAKTISCHE HINWEISE:

- Diese Tour ist am besten geeignet für Selbstfahrer.
- Direkt unterhalb der Rochers des Mées liegt ein Picknickplatz mit Tischen im Schatten.

TOUR-START:

Der beliebte Thermalkurort **Digne-les-Bains** 12 > S. 61 dient als Ausgangspunkt für eine erlebnisreiche, relativ kurze Alpenrundfahrt. Erstes Etappenziel ist die Ortschaft **Castellane** 13 > S. 62, über der hoch auf einer Bergspitze die Chapelle Notre-Dame-du Roc ein beliebtes Wanderziel bildet. Wer eine organisierte Wander- und Raftingtour durch den Verdon-Canyon unternehmen will, findet vor Ort viele Anbieter. In südwestlicher Richtung geht es anschließend weiter zum **Grand Canyon du Verdon** 14 > S. 62, der mit 700 m tiefsten Schlucht Europas. Sowohl am Süd- wie am Nordrand kann man dem Naturwunder folgen und erreicht dann mit **Moustiers-Ste-Marie** 15 > S. 62 ein Bergdorf wie aus dem Bilderbuch.

Weiter westlich liegt **Riez,** ein im breiten Colostre-Tal liegendes Dorf mit zwei römischen Toren, in dessen Umgebung Bauern Lavendel anbauen. Bei **Les Mées** 11 > S. 61 ziehen die hellen **Rochers des Pénitents** Blicke auf sich, seltsam erodierte Felsen, die schon vor langer Zeit zur Legendenbildung beitrugen. Von dort kehrt man an den Ausgangspunkt der Tour zurück.

TOUR 3

PARC NATIONAL DES ÉCRINS

ROUTE: Grenoble > Le Bourg d'Oisans > St-Christophe-en-Oisans > La Bérarde > Parc National des Écrins

KARTE: Seite 54
DISTANZEN: ca. 100 km; Aufenthalt je nach Unternehmungen.
PRAKTISCHE HINWEISE:

- Im Juli/August gibt es dreimal täglich eine Busverbindung vom Gare Routière Grenoble über Bourg d'Oisans nach La Bérarde (www.transisere.fr). In der übrigen Zeit ist man auf den Pkw angewiesen.
- In Bourg d'Oisans unterhält die Parkverwaltung ein Infomationszentrum. Hier starten auch geführte Touren (Maison du Parc, Rue Gambetta, Tel. 04 76 80 00 51).

TOUR-START:

Südöstlich von **Grenoble** 4 > S. 58 erstreckt sich mit dem **Parc National des Écrins** Frankreichs größter Nationalpark und zugleich eine der schönsten Landschaften der zentralen Dauphiné-Alpen (www.ecrins-parcnational.fr). Von der Strecke nach Briançon biegt südlich von **Alpe d'Huez** 5 > S. 59 die Straße D 530 nach **St-Christophe-en-Oisans** ab. Von dort sind es noch 11 km bis **La Bérarde.** Der nur im Sommer über eine schmale Bergstraße erreichbare kleine Weiler liegt am Fuß der höchsten Berge der Oisans-Region, wie Meije (3983 m) und Barre des Écrins (4102 m). Er ist ein guter Ausgangspunkt für Touren in den Écrins-Nationalpark.

Die eindrucksvolle Hochgebirgslandschaft beheimatet seltene Tierarten wie Steinbock, Steinadler und Birkhuhn und Pflanzenarten wie die Alpenakelei und das distelartige Alpenmannstreu.

VERKEHRSMITTEL

Von Genf oder von Lyon kann man über Chambéry mit dem TGV bis nach Grenoble fahren. TER-Züge verkehren zwischen Grenoble, Gap, Embrun und Briançon. Außerdem gibt es TER-Zugverbindungen auf der Strecke von Marseille über Sisteron und Gap bis Briançon (www.sncf.com/de).

WICHTIGE ADRESSEN

Comité Départemental du Tourisme des Hautes Alpes

- 13, ave. Maréchal Foch | 05000 Gap
  Tel. 04 92 53 62 00 | www.hautes-alpes.net

Office du Tourisme Écrins

- Haut Vénéon | La Ville
  38520 St-Christophe-en-Oisans
  Tel. 04 76 80 50 01 | www.berarde.com

Im Écrins-Nationalpark findet man sie noch, die so oft vermisste Bergeinsamkeit

UNTERWEGS IN DER REGION

ANNECY 1 ★ R2

Die hübsche Stadt (53 000 Einw.) mit ihrem historischen Zentrum liegt am gleichnamigen See, der vielfältige Freizeitmöglichkeiten bietet. Zur Stadt entwickelte sich der Ort erst ab dem 12. Jh., als die Grafen von Genf eine Burg errichten ließen. Im Laufe der Jahrhunderte hat man immer wieder neue Gebäudeteile angefügt. Heute ist hier das **Musée du Château d'Annecy** untergebracht, das sakrale und zeitgenössische Kunst sowie volkskundliche Exponate präsentiert (Juni–Sept. tgl. 10.30–18 Uhr, sonst kürzer, www.musees.agglo-annecy.fr, 5,50 €).

Auf beiden Seiten des Thiou-Kanals erstrecken sich Fußgängerzonen mit vielen Restaurants und Straßencafés. Hinter der Renaissancefassade der Kathedrale **St-Pierre** aus dem 16. Jh. verbirgt sich ein gotisches Langhaus. Auf der Insel im Thiou steht wie ein Wasserschloss das im 12. Jh. erbaute **Palais de l'Isle,** das für einige Zeit von den Genfer Grafen bewohnt war und später als Gefängnis diente. In einigen Räumen widmen sich Ausstellungen stadtgeschichtlichen Themen (geöffnet wie Musée du Château, 3,80 €, Kombiticket 7,20 €).

INFO

Office de Tourisme

- 1, rue Jean Jaurès | 74000 Annecy
  Tel. 04 50 45 00 33
  www.lac-annecy.com

HOTEL

Atipik Hotel Alexandra €€

Zentral, außergewöhnlich, jung und frisch: Ein Boutiquehotel mit bestem Preis-Leistungs-Verhältnis.

- 19, rue Vaugelas
  74000 Annecy | Tel. 04 50 52 84 33
  www.atipikhotel.fr

AIX-LES-BAINS 2 R3

Am schönen Lac de Bourget, dem größten natürlichen Binnensee Frankreichs, liegt die zweitgrößte Stadt Savoyens (27 000 Einw.). Von der Blütezeit als Kurort im 19. und frühen 20. Jh. zeugen zahlreiche Belle-Époque-Gebäude. Die schwefelhaltigen warmen Quellen waren schon den Römern bekannt. Noch immer sind in den **Thermes Nationaux** Reste der antiken Badeanlagen zu sehen. Den Bau des modernisierten Thermalbads von 1779 verdankt der Kurort der Initiative des sardischen Königs Viktor Emanuel III. Aus der Römerzeit stammt auch der **Arc de Campanus.**

Das **Musée Faure** zeigt die Impressionistensammlung des Doktors Jean Faure (1862–1942) mit Werken von Degas, Cézanne, Sisley und Pissarro. Daneben gibt es eine Reihe von Plastiken zu bewundern, darunter 33 Werke von Rodin, der mit Doktor Faure befreundet war (10, bd. des Côtes, April–Okt. Mi bis Mo 10–12.30, 13.30–18.30 Uhr, sonst kürzer, www.aixlesbains.fr/culture/museefaure, 5 €).

Seilbahn zum Fort de la Bastille in Grenoble

CHAMBÉRY 3 R3

Die ehemalige Hauptstadt Savoyens (57 000 Einw.) erhielt im 19. Jh. durch großzügige Zuwendungen des begüterten Generals de Boigne ein neues Gesicht, besonders entlang der Hauptgeschäftsstraße **Rue de Boigne.** Sie reicht vom berühmten **Elefantenbrunnen**, der an die Rolle des Stadtmäzens als Heerführer in Indien erinnert, bis zum **Château des Ducs de Savoie** (13.–19. Jh.).

Die gotische Kirche **Ste-Chapelle** aus dem 15. Jh. soll im 16. Jh. Aufbewahrungsort des Turiner Grabtuchs gewesen sein. Aus dieser Zeit stammen die berühmten Glasfenster. In der Rue Croix d'Or stehen adelige Stadtpalais wie das **Hôtel de Châteauneuf** (17. Jh). Die über einer Krypta aus der Karolingerzeit errichtete Kirche **St-Pierre-de-Lémenc** prägen romanische und gotische Bauelemente. Das regionalhistorische **Musée Savoisien** ist im ehemaligen Franziskanerkloster untergebracht (Square F. de Lannoy de Bissy, wegen Renovierung bis 2020 geschl., aktuelle Infos unter www.musee-savoisien.fr).

In der Altstadt rund um die Place St-Léger fühlt man sich wie in Oberitalien. Vom Platz zweigen überdachte Passagen mit gepflasterten Gassen, gemauerten Torbögen und metallbeschlagenen Türen ab.

INFO

Office de Tourisme

- 5b, pl. du Palais de Justice
  73000 Chambéry | Tel. 04 79 33 42 47
  www.chambery-tourisme.com

HOTEL

Hotel Les Princes €–€€

Geschmackvolles Hotel, mitten im Zentrum und dennoch ruhig gelegen.

- 4, rue de Boigne | 73000 Chambéry
  Tel. 04 79 33 45 36
  www.hoteldesprinces.com

GRENOBLE 4 R4

Grenoble (161 000 Einw.) ist das boomende Zentrum der Region und eine vielseitige, spannende Stadt mit 60 000 Studenten. Der Ursprung der renommierten Universität liegt im 14. Jh.

Vom 457 m über Grenoble thronenden **Fort de la Bastille,** zu dem eine Seilbahn hinaufführt, kann man sich einen ersten Überblick verschaffen. Anschließend führt ein schöner Spaziergang über den Jardin des Dauphins zum **Musée Dauphinois,** einem Regionalmuseum in einem Kloster aus dem 17. Jh. (30, rue M. Gignoux, Di–Fr 10–18, Sa, So 10–19 Uhr, www.musee-dauphinois.fr, Eintritt frei).

In der Altstadt mit ihren vielen lebendigen Märkten ist neben der Kathedrale und dem Bischofspalast das **Palais de Justice** sehenswert, früher Ständehaus der Dauphiné.

Das **Musée de Grenoble** zeigt Gemälde vom 13. Jh. bis in die Gegenwart, darunter Werke von Renoir, Monet, Picasso und Matisse. Weitere Räume sind der ägyptischen Kunst und der klassischen Antike gewidmet (5, pl. Lavalette, Mi–Mo 10–18.30 Uhr, www.museedegrenoble.fr, 10 €).

INFO

Office de Tourisme

- 14, rue de la République
  38000 Grenoble | Tel. 04 76 42 41 41
  www.grenoble-tourisme.com

VERKEHRSMITTEL

In Grenoble ist die Umweltplakette **Certificat Qualité de l'Air** Pflicht (Infos unter www.certificat-air.gouv.fr).

HOTEL

Park Hotel €€€

Attraktives Stadthotel der gehobenen Mittelklasse am Botanischen Garten.

- 10, pl. Paul Mistral | 38000 Grenoble
  Tel. 04 76 85 81 23
  www.park-hotel-grenoble.fr

RESTAURANT

Café de la Table Ronde €€

Ins zweitälteste Café Frankreichs (1739) kamen so berühmte Gäste wie Stendhal und Rousseau.

- 7, pl. Saint-André | 38000 Grenoble
  Tel. 04 76 44 51 41
  www.restaurant-tableronde-grenoble.com

La Brasserie des Archers €

Unter Platanen wird hier einfache, aber köstliche Bistroküche serviert.

- 2, rue Dr. Bailly | 38000 Grenoble
  Tel. 04 76 46 46 60
  www.labrasseriedesarchers.fr

ALPE D'HUEZ 5 S5

Der Wintersportort hat es als spektakuläre Bergankunft der Tour de France zu internationalem Renommee gebracht. In 21 Serpentinen schlängelt sich die gut ausgebaute, knapp 14 km lange Straße steil bergan bis auf eine Höhe von 1850 m. Von der Berggemeinde bietet sich ein überwältigender Panoramablick auf die umliegenden Gipfel.

BRIANÇON 6 T5

Schon auf den ersten Blick erkennbar ist der Festungscharakter der historischen **Cité Vauban,** die zum UNESCO-Weltkulturerbe zählt. Im Winter tobt um die Stadt im Wintersportgebiet Serre-Chevalier der Skizirkus, im Sommer genießen Wanderer das trockene Klima und die malerische Bergwelt.

In der befestigten Oberstadt taucht man ein in eine mittelalterliche Atmosphäre um Kirchen, Springbrunnen und Portale. Die Zwillingstürme der **Église Notre-Dame** aus dem 18. Jh. sind eine Art Wahrzeichen von Briançon.

Über der Stadt thront mit dem **Fort des Salettes** eine von 1709 bis 1712 erbaute Wehranlage, die 1840 in eine Artelleriefestung umgewandelt wurde. Eine kühne Brückenkonstruktion ist der **Pont d'Asfeld,** der seit 1730 in 55 m Höhe die wilde Durance überspannt.

HOTEL

La Ferme de Belline €–€€

Schöne und sehr gemütliche Chalets und Gîte-Zimmer am Rande von Briançon nahe den Skiliften.

- Hameau de Pramorel | Champ de Blanc 05100 Briançon Tel. 04 92 20 55 56 www.lafermedebelline.com

RESTAURANT

Le Rustique €€

Frische Forellen mit Roquefort, Raclette und Fonduespezialitäten.

- 36, rue du Pont d'Asfeld 05100 Briançon | Tel. 04 92 21 00 10 www.restolerustique.fr

GAP 7 S6

In dieser Stadt (41 000 Einw.) der Messen und Märkte zeigt das **Musée Départemental des Hautes-Alpes** neben archäologischen Funden das Mausoleum des Grafen von Lesdiguières, 1604 von Jean und Jacob Richier in schwarzem und weißem Marmor gearbeitet (6, ave. Maréchal Foch, Mo, Mi–Fr 14–17, Sa, So 14–18 Uhr, www.museum.hautes-alpes.fr, Eintritt frei).

Raftingfans fahren ca. 40 km in Richtung Osten bis Embrun an die Durance › **Seitenblick S. 32.**

HOTEL

Les Olivades €€

Schönes altes Gemäuer mit herrlichem Garten und Pool. Gutes Restaurant.

- Route de Malcombe | 05000 Gap Tel. 04 92 52 66 80 | www.hotel-restaurant-gap-les-olivades.com

LAC DE SERRE-PONÇON 8 S6/7

Seit 1961 staut ein Wehr die obere Durance zu diesem 20 km langen und bis zu 120 m tiefen künstlichen See, der nicht nur zur Energieerzeugung dient, sondern auch den früher am Unterlauf häufigen Überschwemmungen entgegenwirkt. Über die Jahre ist das Gewässer ein Freizeitparadies mit breitem Wassersportangebot geworden. Bei **St-Vincent-les-Forts** im Südosten des Sees befindet sich eine Startbasis für Paraglider und Drachenflieger.

BARCELONNETTE 9 T7

Die mit einem hübschen Kern aufwartende Ortschaft ist ein Dorado für Rafting und Kanusport auf dem Ubaye-Fluss und für Wintersport. Mehrere Veranstalter bieten zum Teil abenteuerliche Aktivitäten an. Die Cafés rund um die zentrale **Place Manuel** stellen im Sommer Tische im Freien auf.

INFO

Office de Tourisme

- Place Frédéric Mistral 04400 Barcelonnette | Tel. 04 92 81 04 71 www.barcelonnette.com

Steile Felswände rahmen den Durance-Durchbruch bei Sisteron

SISTERON 10 R8

Das von einer **Zitadelle** überragte Städtchen (7000 Einw.) liegt an der Grenze zwischen Dauphiné und Provence. Hier verengt sich das Flusstal der Durance am Fuß der jäh aufragenden Steilwand des Rocher de la Baume. Enge Straßen und Treppen laden zu einem Bummel ein.

LES MÉES 11 S8

In der Nähe der Ortschaft Les Mées ist ein einzigartiges Naturphänomen zu bewundern: bis zu 100 m hohe, bizarr erodierte Felsnadeln, die **Les Pénitents des Mées** (Büßer von Les Mées) genannt werden. Einer Legende zufolge handelt es sich um Mönche, die als Strafe für ihre Sünden in Stein verwandelt wurden.

DIGNE-LES-BAINS 12 S8

Zerklüftetes Kalkgebirge umgibt die Hauptstadt (18 700 Einw.) des Département Alpes-de-Haute-Provence. In der Altstadt drängen sich die Häuser um die **Église St-Jérôme** (15./17. Jh.). Unterhalb des St-Pancrace-Felsens sprudelt die warme Quelle, die Digne zum Titel eines Thermalbads verhalf. Lebhaftes Zentrum der Stadt ist der von Platanen beschattete Boulevard Gassendi.

HOTEL

Hotel Aiglon €€

Familiengeführtes Hotel im Zentrum mit gutem regionalem Restaurant.

- 1, rue de Provence
  04000 Digne-les-Bains
  Tel. 04 92 31 02 70
  www.hotelaiglon-digne.fr

Karte S. 54

CASTELLANE 13 T9

Den Altstadtkern von Castellane überragt ein schroffer Felsen, auf dessen Gipfel die Kapelle **Notre Dame-du-Roc** thront. Dort hinauf führt ein steiler Spazierweg mit schönen Aussichtspunkten. Samstags macht ein Bauern- und Flohmarkt den Flecken zum quirligen Treffpunkt von Schau- und Kauflustigen. Herzstück der Stadt ist die schöne Place Sauvaire. Castellane ist ein günstiger Startpunkt für Wander-, Kajak- oder Autotouren in die Gorges du Verdon.

GORGES DU VERDON 14 ★1 S/T9

Zwischen Rougon und Aiguines hat sich der Verdon-Fluss bis zu 700 m tief in weiche Kalkfelsen gegraben. Im Norden der Schlucht folgt die **Route des Crêtes** ab La-Palud-sur-Verdon dem Flusslauf am Rand des Plateaus. Zahlreiche Aussichtspunkte säumen die Panoramastraße; einer der attraktivsten liegt oberhalb des Zusammenflusses von Verdon und Baou.

Am Südrand des Canyons führt die **Corniche Sublime** nach Aiguines. Ein Halt lohnt bei den **Balcons de la Mescla** mit grandiosem Blick in den Canyon de l'Artuby. Ein beindruckendes Panorama bietet sich auch von der Brücke am westlichen Ende des Canyons, wo der Verdon in der Nähe eines Wassersportzentrums in den Lac de Ste-Croix mündet.

HOTEL

Hôtel Du Grand Canyon du Verdon €€

Wie ein Adlerhorst klebt das Haus am Canyonrand unweit der Balcons de la Mescla. 13 freundliche Zimmer, teils mit Balkon. Panoramarestaurant mit regionaler Küche.

- Falaise des Cavaliers (D 71)
  83630 Aiguines | Tel. 04 94 76 91 31
  www.hotel-canyon-verdon.com

MOUSTIERS STE-MARIE 15 S9

Das nördlich des Lac de Ste-Croix gelegene Bergdorf beeindruckt vor allem durch seine spektakuläre Lage am Ende einer Klamm. Ein Gebirgsbach fließt mitten durch den Ort und bildet an mehreren Stufen kleine Wasserfälle. Obwohl es Besucher in der Hochsaison zum Rummelplatz machen, lohnt ein Gang durch die verwinkelten Gassen, die im Umkreis der im 12. Jh. erbauten Kirche **Notre-Dame** liegen und von Keramikläden und Restaurants gesäumt werden. Über dem Ort, der für seine Fayencen bekannt ist, liegt die kleine Wallfahrtskapelle **Notre-Dame-de-Beauvoir**, die auf einem steilen Pfad erreichbar ist. Unterwegs bieten sich immer wieder schöne Ausblicke. › mehr S. 18 Punkt 39

HOTEL

Le Clos des Iris €

Hübsches, ruhig am Ortsrand gelegenes Anwesen aus dem 19. Jh. mit Garten. 9 hell und freundlich eingerichtete Zimmer.

- Chemin de Quinson
  04360 Moustiers-Ste-Marie
  Tel. 04 92 74 63 46 | www.closdesiris.fr

CÔTE D'AZUR

Die Promenade du Soleil in Menton lädt zum Flanieren zwischen Bergen und Meer ein

An der Küste zwischen Menton und Cassis locken nicht nur traumhafte Strände und glamouröse High-Society-Treffpunkte, sondern auch hübsche Bergdörfer im Hinterland und die Werke berühmter moderner Künstler.

Die Côte d'Azur zwischen der italienischen Grenze im Osten und den Calanques bei Cassis gehört zu den bekanntesten Regionen Frankreichs. Dieses Renommee verdankt der Küstenstrich neben seiner grandiosen Lage am azurblauen Meer auch Jetsettreffpunkten wie St-Tropez, Cannes und Nizza, die die französische Riviera seit Jahrzehnten zum Boulevardthema machen. Darüber könnte fast in Vergessenheit geraten, dass die Côte auch noch über andere Qualitäten verfügt. Wo sonst bieten sich so fantastische Ausblicke auf eine zerklüftete Steilküste? Wo sonst warten über 80 zum Teil hochkarätige Museen auf neugierige Besucher? Wo sonst tauchen Blüten einer üppigen Vegetation die Landschaft in einen wahren Farbenrausch? Von Bilderbuchstränden und Traumbuchten zum Baden einmal ganz abgesehen. Teils noch recht beschaulich geht es im Hinterland zu, wo kleine Bergdörfer mit romantischen Gassen und guten Restaurants aufwarten.

TOUREN AN DER CÔTE D'AZUR

TOUR 4

GLANZLICHTER DER RIVIERA

Menton > Monaco > Nizza > Antibes > Cannes > St-Raphaël > St-Tropez > Toulon > Sanary-sur-Mer > Cassis

TOUR 5

KÜNSTLERDÖRFER IM HINTERLAND

Cannes > Vallauris > Mougins > Grasse > Tourrettes-sur-Loup > Vence > St-Paul-de-Vence > Cagnes-sur-Mer > Biot

TOUR 6

INSELN IM GOLF VON HYÈRES

Hyères > La Tour-Fondue > Porquerolles > Port-Cros

TOUREN IN DER REGION

TOUR 4

GLANZLICHTER DER RIVIERA

ROUTE: Menton > Monaco > Nizza > Antibes > Cannes > St-Raphaël > St-Tropez > Hyères > La Tour Fondue > Porquerolles > Port Cros > Toulon > Sanary-sur-Mer > Cassis

KARTE: Seite 64
DISTANZEN: 260 km; 3–4 Tage

PRAKTISCHE HINWEISE:

- Die fantastischen Ausblicke von den Corniches auf das tiefblaue Mittelmeer kann nur genießen, wer die Tour mit dem eigenen Pkw unternimmt.
- In der Saison sollte man wegen des dichten Verkehrs an Wochenenden die Küstenstraßen besser meiden.
- Im Sommer verkehren zwischen der italienischen Grenze und Marseille fast stündlich Züge, die jedoch zwischen St-Raphaël und Toulon durchs Hinterland fahren.

Die Altstadt von Antibes hat viel von ihrem ursprünglichen Charme bewahrt

TOUR-START:

Die Côte d'Azur beginnt an der italienischen Grenze im wunderschönen **Menton** 1 › S. 68, von hier geht es über die Grand Corniche nach **Monaco** 2 › S. 69, dem glamourösen Fürstensitz der Grimaldis. Mit **Nizza** 3 › S. 70 folgt bereits das nächste Highlight der Tour, gehört die Stadt mit der berühmten Promenade des Anglais und der italienisch angehauchten Altstadt doch zu den Glanzlichtern an der französischen Riviera. Über **Antibes** 9 › S. 75 gelangt man dann nach **Cannes** 12 › S. 75, dem nicht nur das alljährliche Filmfestival Flair und Eleganz verleiht.

St-Raphaël 15 › S. 78 mit seinem hübschen Platanenkorso am Hafen ist Station auf dem Weg nach **St-Tropez** 16 › S. 78, dem alten und neuen Treffpunkt von Schickeria und High Society. Auf der hinreißend schönen Corniche de l'Estérel erreicht man **Hyères** 17 › S. 78, das sich als Ausgangspunkt für Abstecher zu den vorgelagerten Inseln eignet. Über die Hafenstadt **Toulon** 18 › S. 78 und den Bilderbuchort **Sanary-sur-Mer** 19 › S. 79 gelangt man schließlich nach **Cassis** 20 › S. 79 mit den wildromantischen Buchten der **Calanques**, wo man sich von der Tour erholen kann. Wer hier keine Unterkunft gebucht hat, findet im nahen **Marseille** › S. 96 Quartier.

TOUR 5

KÜNSTLERDÖRFER IM HINTERLAND

ROUTE: Cannes › Vallauris › Mougins › Grasse › Tourrettes-sur-Loup › Vence › St-Paul-de-Vence › Cagnes-sur-Mer › Biot

KARTE: Seite 64
DISTANZEN: 100 km; 1–2 Tage.
PRAKTISCHE HINWEISE:

- Die Ziele dieser Tour erreicht man am besten per Pkw.
- Ein Besuch in Vence lohnt vor allem dienstags und freitags, wenn im historischen Zentrum Markt ist.

TOUR-START:

Nach dem Start in **Cannes** 12 › S. 75 ist **Vallauris** 11 › S. 75 erste Station, das sich als Töpferhochburg und

Wohn- bzw. Wirkungsstätte von Pablo Picasso einen Namen gemacht hat. Im benachbarten **Mougins** 13 › S. 76 verbrachte der Künstler die letzten Jahre seines Lebens. Die berühmte Parfümstadt **Grasse** 14 › S. 76 bietet Besuchern nicht nur Schnupper- und Museumserlebnisse, sondern auch eine reizvolle Altstadt mit typischem Flair.

Der immer noch recht verträumte 3000-Seelen-Ort **Tourrettes-sur-Loup** 7 › S. 74 thront wie eine uneinnehmbare Zitadelle auf einem Felssporn hoch über dem Loup-Tal. Viel mehr Touristenrummel herrscht im mittelalterlichen Gassengewirr von **Vence** 6 › S. 74. Das benachbarte **St-Paul-de-Vence** 5 › S. 73 ist vor allem für die private Kunststiftung Fondation Maeght bekannt. Kunst bzw. Kunsthandwerk spielt auch in **Cagnes-sur-Mer** 4 › S. 73 und **Biot** 8 › S. 74, den beiden letzten Touretappen, eine wichtige Rolle.

TOUR 6

INSELN IM GOLF VON HYÈRES

ROUTE: Hyères › La Tour-Fondue › Porquerolles › Port-Cros

KARTE: Seite 64

DISTANZEN: Tagestour. Die Überfahrt mit dem Schiff von La Tour-Fondue nach Porquerolles dauert etwa 20 Min., die von Porquerolles nach Port-Cros ca. 1 Std.

PRAKTISCHE HINWEISE:

- Vom Hafen La Tour-Fondue setzt man mit TLV Tour Fondue (www.tlv-tvm.com) nach Porquerolles über. In der Hochsaison fahren die Schiffe von dort nach Port-Cros weiter, in der Nebensaison wird Port-Cros nur von Port d'Hyères aus angesteuert.

TOUR-START:

Vor der Küste zwischen **Hyères** 17 › S. 78 und Le Lavandou laden die kleinen **Îles d'Hyères** zum Inselhüpfen ein. Sie sind autofrei und stehen weitgehend unter Naturschutz. Zu erreichen sind die bezaubernden Eilande über die Halbinsel von Giens und den dort liegenden Hafen **La Tour-Fondue,** wo man auf einem der Parkplätze sein Auto abstellt.

Die größte der Inseln ist **Porquerolles** mit dem gleichnamigen Hauptort. Viele Touristen leihen sich hier Räder, um die traumhaften Sandstrände der Nordküste oder die felsige Südküste zu erkunden. Das auf einer Anhöhe über dem Hafen gelegene Fort Ste-Agathe oder den Leuchtturm an der Südküste erreicht man aber auch zu Fuß.

Östlich von Porquerolles liegt die bergige Insel **Port-Cros,** die für ihre artenreiche Flora und Meeresfauna bekannt ist. Auf ausgeschilderten Lehrpfaden können Besucher sie auf eigene Faust kennenlernen. › mehr S. 12 Punkt 5

VERKEHRSMITTEL

In der Hauptsaison setzt die SNCF zwischen Marseille und Menton täglich über 100 regionale Expresszüge ein (Fahrpläne unter www.sncf.com/de). Besonders reizvoll ist der Teilabschnitt zwischen Menton und Nizza. Von Nizza aus fahren auch der **Train des Pignes** und der **Train des Merveilles**, zwei Bummelzüge, über Viadukte und durch Tunnel ins gebirgige Voralpenland (Fahrpläne, Preise und nähere Infos unter www.trainprovence.com und www.tendemerveilles.com).

RABATTKARTE

Die **Côte d'Azur Card** gewährt Ermäßigungen bei etwa 180 Aktivitäten. Der 3-Tage-Pass kostet 45 €, 25 € für Kinder. Er ist erhältlich bei Tourismusämtern und online unter www.cotedazur-card.com.

UNTERWEGS IN DER REGION

MENTON 1 V9

Seiner geschützten Lage verdankt Menton (29 000 Einw.) sein mildes Klima. Es gibt einige herrliche öffentliche Gärten und die Altstadt mit ihren ockerfarbenen Fassaden versprüht italienisches Flair. › mehr S. 15 Punkt 22

Die **Église St-Michel** (17. Jh.) wurde mit barockem Stuckdekor und einem Marmoraltar ausgestattet, ein Kieselmosaik ziert den Vorplatz. Antoine I. von Monaco ließ in einem Park das **Palais Carnolès** als Sommerresidenz erbauen, heute beherbergt es das **Musée des Beaux-Arts**. Neben Kunstsammlungen der Rothschilds und Wakefield-Mori sind Gemälde französischer, flämischer, englischer und spanischer Künstler zu sehen (3, ave. de la Madone, zzt. wegen Renovierungsarbeiten geschl., www.menton.fr/Musee-des-Beaux-Arts).

Jean Cocteau, schillernde Künstlerpersönlichkeit und Ehrenbürger der Stadt, stattete nicht nur den Hochzeitssaal des **Rathauses** mit Dekorationen aus, die zu seinen Hauptwerken zählen (Pl. Ardoïno, Mo–Fr 8.30–12.30, 13.30–17 Uhr). Auch die Ausstellungsräume, die seinem Leben und Werk gewidmet sind, hat er eigenhändig gestaltet. Das sehenswerte **Musée Jean-Cocteau** ist in einem Neubau des Architekten Rudy Riciotti eingerichtet (2, quai de Monléon, aus technischen Gründen zzt. geschl., www.museecocteaumenton.fr).

Jedes Jahr im Februar feiert Menton mit farbenprächtigen Umzügen sein berühmtes **Zitronenfest**.

INFO

Office de Tourisme

- 8, ave. Boyer 7 06500 Menton
  Tel. 04 92 41 76 76 | www.menton.fr

HOTEL

Le Paris-Rome €

1 km östlich des Zentrums gelegenes Haus der Logis-Kette mit gutem Restaurant.

- 79, Porte de France | 06500 Menton
  Tel. 04 93 35 73 45 | www.paris-rome.com

SHOPPING

Ein typisch provenzalischer Markt findet täglich im 14 km weiter westlich gelegenen Küstenort **Beausoleil** auf dem teils überdachten Marché Gustave Eiffel in der Rue du Marché statt.

FÜRSTENTUM MONACO 2 V9

Im Fürstentum Monaco herrscht drangvolle Enge. Es ist nur 1,6 km² groß, nicht gerade viel für rund 38 000 Einwohner und die Millionen von Touristen, die alljährlich den Zwergstaat besuchen. Seit dem 19. Jh. glänzt der besondere Ruhm des Spielkasinos über Monaco. Die Gründung Monacos ist dem Stadtstaat Genua zu verdanken, der den Fels durch Foulque de Castello 1215 befestigen ließ. Die Grimaldis bemächtigten sich 1297 des Felsens: Ihre Soldaten überrumpelten, als Mönche verkleidet, die Garnison. Wegen der fehlenden Straßenverbindung nach Nizza blieb Monaco bis 1868 recht isoliert.

Hochhäuser prägen das Bild der Stadt Monte Carlo. Darüber erhebt sich auf dem Grimaldifelsen die Altstadt, **Monaco-Ville** 2, mit dem fürstlichen Schloss und dem Paradeplatz. Einige Prunksäle im **Palais Princier** sind zu besichtigen, ausgestellt ist weiterhin eine Sammlung von Luxuskarossen, die Fürst Rainier im Laufe von 30 Jahren zusammentrug (April–Mitte Okt. tgl. 10–17.30 Uhr, www.palais.mc, 8 €). Zu den Touristenattraktionen gehört die Wachablösung vor dem Schloss (tgl. 11.55 Uhr).

Das **Musée Océanographique** besitzt ein riesiges Aquarium, das zu den schönsten Europas zählt. Das Museum mit angeschlossener

Monacos schönes Aquarium thront auf einer Felsklippe über dem Meer

wissenschaftlicher Forschungsabteilung wurde 1906 von Fürst Albert I. gegründet, der selbst ein begeisterter Meereskundler war (April–Juni, Sept. tgl. 10–19, Juli, Aug. 9.30–20, Okt.–März 10–18 Uhr, www.oceano.mc, je nach Saison 12, 14 oder 16 €).

› mehr S. 16 Punkt 27

RESTAURANTS

Louis XV. €€€

Im Speisesalon à la Versailles werden kulinarische Spitzenleistungen mediterraner Prägung serviert. Nur mit förmlicher Kleidung.

- Hôtel de Paris | Place du Casino 98000 Monaco | Tel. 03 77 98 06 88 64 www.ducasse-paris.com

Il Terrazzino €€

Neapolitanisch geprägte süditalienische Klassiker. So geschl.

- 2, rue des Iris | 98000 Monaco Tel. 03 77 93 50 24 27 www.il-terrazzino.com

CORNICHES 3

Zwischen Nizza und Menton kann man auf drei verschiedenen Höhenrouten entlang der Küste fahren. Herrliche Ausblicke bieten die beiden oberen Küstenstraßen, die **Grande** und **Moyenne Corniche,** während die unterste, die **Petite Corniche,** meist durch dicht bebautes Gebiet verläuft. Die ersten beiden Straßen lassen sich zu einem schönen Tagesausflug kombinieren: Am besten nimmt man morgens ab Menton die Grand Corniche und kehrt am Nachmittag über die Moyenne Corniche aus Nizza zurück.

NIZZA 3 V9

Nizza wurde von den Griechen gegründet, von den Römern ausgebaut, lange von Italien aus regiert und kam 1860 an Frankreich. Seinen Ruhm als Ferienort verdankt es aber Engländern und russischen Adligen. Vor gut 100 Jahren entdeckten sie die Côte d'Azur als idealen Ort, um dem Winter zu Hause zu entfliehen.

Nizzas Altstadt kann ihre italienische Prägung nicht verleugnen. Viele Plätze und Gässchen wurden restauriert, die Fassaden erstrahlen wieder in den typisch rötlichen Farbtönen. Der Tourismus bringt heute hohe Einnahmen, und Nizza (345 000 Einw.) hat sich als Sitz moderner Technologieunternehmen profiliert. Schrill wird es in der zweiwöchigen Karnevalszeit vor Aschermittwoch.

PROMENADE DES ANGLAIS

Ein Bummel über die Seepromenade führt zu einem lebendigen Relikt aus der Zeit des Luxustourismus, dem **Hôtel Negresco** A c1. Das Haus ist zu einer Institution und zu einem Wahrzeichen Nizzas geworden. Bei einem Apéritif in der Hotelbar kann man sich vorstellen, wie einst englische Lords und russische Großfürsten hier ein- und ausgingen (www.hotel-negresco-nice.com).

Kunstgenuss verspricht das **Musée Masséna** B c1 in der einstigen Stadtresidenz von Victor Masséna. Die Sammlung ist mit sakraler Kunst, Schmuck und Waffen bestückt (65, rue de France, Ende

Juni–Mitte Okt. Mi–Mo 10–18, sonst 11–18 Uhr, 10 €).

Hinter dem Palais de Justice liegt der **Cours Saleya** C c3, Nizzas farbenfroher Blumen- und Lebensmittelmarkt, mit den Ponchettes, vormals kleine Werften, in die jetzt Fischhandlungen und Restaurants eingezogen sind. Wer von dort zum Meer geht, erreicht die Uferstraße **Quai des États-Unis.** An deren Ostende liegen auf einem Hügel die Ruinen der alten Festung. Ein Aufzug führt hinauf zum Château, wo ein wunderbarer Park zu einem Picknick unter Pinien einlädt. Von der **Tour Bellanda** D c4 am Fuß des Burgfelsens bietet sich ein schöner Panoramablick über die Stadt und ihre Umgebung.

A Hôtel Negresco
B Musée Masséna
C Cours Saleya
D Tour Bellanda
E Palais Lascaris
F Place Garibaldi
G Musée d'Art Moderne et Contemporain
H St-Nicolas
I Musée des Beaux-Arts
J Musée International d'Art Naïf
K Musée National Marc Chagall
L Musée Matisse

Karte S. 71

VIEILLE VILLE

Nördlich des Cours Saleya findet man in den verwinkelten Gassen der Altstadt nette Boutiquen, kleine Lebensmittelläden, winzige Restaurants und Bistros. Zu einem Gläschen Wein sollte man dort unbedingt die köstlichen *pans bagnats* kosten, mit Tunfisch, Ei, Tomaten und Oliven gefüllte Brottaschen.

Sehenswert ist das im für Südfrankreich ungewöhnlichen Barockstil errichtete **Palais Lascaris** E b3. Das Stadtpalais einer Adelsfamilie aus dem 17. Jh. beherbergt heute ein Museum zur Kunst und Musik des 17. und 18. Jhs. (15, rue Droite, Ende Juni–Mitte Okt. Mi–Mo 10–18, sonst 11–18 Uhr, 10 €). Arkaden und gelb verputzte Fassaden rund um die **Place Garibaldi** F b4 lassen an Italien denken.

Das **Musée d'Art Moderne et Contemporain** G b4 setzt einen städtebaulichen Akzent. Es zeigt Werke zeitgenössischer europäischer und amerikanischer Künstler (Place Yves Klein, Ende Juni–Mitte Okt. Di–So 10–18, sonst 11–18 Uhr, www.mamac-nice.org, 10 €).

NEUSTADT

Am Boulevard du Tzarewitch steht mit der Kathedrale **St-Nicolas** H a1 die größte russisch-orthodoxe Kirche außerhalb der Sowjetunion. Das Gotteshaus wurde ab 1903 mit Geldern der Zarenfamilie errichtet.

Hinter der Fassade des ehemaligen Wohnsitzes einer russischen Fürstin verbirgt sich das **Musée des Beaux-Arts** I mit vorwiegend französischen Gemälden aus dem Zeitraum vom 13. bis 20. Jh. (33, ave. des Baumettes, Ende Juni–Mitte Okt. Di–So 10–18, sonst 11–18 Uhr, www.musee-beaux-arts-nice.org, 10 €).

Naive Malerei zeigt das **Musée d'Art Naïf Anatol Jakovsky** J im Château Ste-Hélène (23, ave. de Fabron, Ende Juni–Mitte Okt. Di–So 10–18, sonst 11–18 Uhr, 6 €).

CIMIEZ 4

Von ihrer modernen Seite zeigt sich die Stadt in der **Acropolis**, einem Kongress- und Veranstaltungskomplex zu Füßen des Cimiez-Hügels. Von hier leitet der Malraux-Tunnel zum Boulevard de Cimiez über. Dessen Beginn markiert das **Musée National Marc Chagall** K mit einem Bilderzyklus zu biblischen Themen, Skulpturen, Glasfenstern und Wandteppichen (Mai–Okt. Mi–Mo 10–18, sonst 10–17 Uhr, www.musee-chagall.fr, 8 €).

Das **Musée Matisse** L oben am Hügel verdankt seine Entstehung einer Schenkung der Familie des Malers. Neben persönlichen Dingen des Künstlers zeigt es Werke aus allen Schaffensperioden, u. a. den berühmten Akt in Blau (164, ave. des Arènes, Ende Juni–Mitte Okt. Di–So 10–18, sonst 11–18 Uhr, www.musee-matisse-nice.org, 10 €).

Auf dem benachbarten **Grabungsgelände** sind die Ruinen des Amphitheaters und der Thermenanlage beachtenswert. Das **Archäologische Museum** zeigt Funde aus Cimiez und dem griechischen Nikaia (160, ave. des Arènes, Ende Juni–Mitte Okt. Mi–Mo 10–18, sonst 11–18 Uhr, 10 €).

INFO

Office de Tourisme

- 5, promenade des Anglais
  06302 Nice | Tel. 04 92 14 46 14
  www.nicetourisme.com
- **French Riviera Pass:** City Card für die wichtigsten Sehenswürdigkeiten in Nizza, 1 Tag 26 €, 2 Tage 38 €, 3 Tage 56 €

HOTELS

Hôtel Lépante €€–€€€

Liebevoll renoviertes Belle-Époque-Hotel im Zentrum mit schöner Dachterrasse; Leihfahrräder zur Stadterkundung.

- 6, rue de Lépante | 06000 Nice
  Tel. 04 93 62 20 55
  www.hotellepante.com

Star Hotel €

Einfaches kleineres Altstadthotel, klimatisierte Zimmer mit Schallschutzfenstern.

- 14, rue Biscarra | 06000 Nice
  Tel. 04 93 85 19 03 | www.hotel-star.com

RESTAURANTS

La Petite Maison €€–€€€

Auf Fisch und Meeresfrüchte spezialisiertes Gourmet- und Promilokal.

- 11, rue St-François de Paule
  06300 Nice | Tel. 04 93 92 59 59

Café de Turin €

Großes, leicht nostalgisches Lokal unter den Arkaden; opulente Platten mit frischen Krustentieren.

- 5, pl. Garibaldi | 06300 Nice
  Tel. 04 93 62 29 52 | www.cafedeturin.fr

SHOPPING

Nizzas Haupteinkaufsstraße ist die **Avenue Jean Médecin,** u. a. mit einer Filiale des Kaufhauses **Galéries Lafayette** (Nr. 6) und dem Einkaufszentrum **Nice Etoile** (Nr. 30).

CAGNES-SUR-MER 4 U9

Das Städtchen teilt sich in den Badeort und den Ortsteil Haut de Cagnes weiter landeinwärts. Dort beherbergt das **Château Grimaldi** im Untergeschoss ein Museum zum Olivenanbau, im Obergeschoss werden die Sammlung der Chansonsängerin Suzy Solidor und Wechselausstellungen zeitgenössischer Kunst gezeigt (April–Sept. Mi–Mo 10–12, 14–18, sonst bis 17 Uhr, 4 €). Der Maler Pierre-Auguste Renoir verbrachte seinen Lebensabend in Cagnes. In der Maison Les Colettes, seinem letzten Domizil, vermittelt heute das **Musée Renoir** Einblicke in sein Leben und Werk (geöffnet wie Château Grimaldi, 6 €).

ST-PAUL-DE-VENCE 5 U9

Schon das malerische mittelalterliche Dorf lohnt den Besuch, zum Erlebnis macht ihn die **Fondation Maeght,** ein berühmter Tempel der Kunst des 20. Jhs. In dem Gebäude von José Lluis Sert sind u. a. Werke von Miró, Calder, Giacometti und Braque ausgestellt (Juli–Sept. tgl. 10–19, Okt.–Juni 10–18 Uhr, www.fondation-maeght.com, 16 €).

HOTEL

Le Saint Paul €€€

Geschmackvoll eingerichtetes Hotel in einem historischen Gebäude. Frühstück auf der Panoramaterrasse.

- 86, rue Grande | 06570 St-Paul-de-Vence
  Tel. 04 93 32 65 25
  www.lesaintpaul.com

VENCE 6 U9

Die von den Römern gegründete Stadt wurde im 5. Jh. zum Bischofssitz erhoben, weswegen der Stadtkern mit einigen prächtigen Bauten aufwarten kann. Sehenswert sind vor allem die romanische **Kathedrale** sowie die **Place du Peyra** mit dem gleichnamigen alten Stadttor und Brunnen. Am Boulevard Matisse außerhalb des Zentrums steht mit der **Chapelle du Rosaire** eine Kapelle, die Henri Matisse 1947–51 entwarf. Picasso verglich den asketisch-schlichten Bau mit einem Badezimmer (April–Okt. Di, Do, Fr 10–12, 14–18, Mi, Sa nur 14–18, Nov.–März Di, Do, Fr 10–12, 14–17, Mi, Sa nur 14–17 Uhr, www.chapellematisse.com, 7 €).

Im Dorf Biot arbeiten in sieben Bläsereien talentierte Glaskünstler

TOURRETTES-SUR-LOUP 7 U9

Noch ein malerisches Dorf. Es wurde auf einem Felssporn so angelegt, dass die äußeren Häuser zusammen mit den steil abfallenden Felsen eine Art Befestigung bilden. Im historischen Kern taucht man ein in schmale, gewundene Gassen mit herausgeputzten Steinhäusern, in denen heute Galerien und Kunsthandwerkstudios ansässig sind.

Tourrettes ist ein Zentrum des Veilchenanbaus – die wohlriechenden Blüten werden zur Herstellung von Parfüms und Seifen verwendet oder kandiert.

SHOPPING

La Tanière du Loup

Große Auswahl an Veilchenprodukten.

- 11, pl. de la Libération
  06140 Tourrettes sur Loup

BIOT 8 U9

Das mittelalterliche Juwel liegt malerisch auf einem Hügel, in dessen Umgebung Bauern Schnittblumen wie Rosen, Nelken und Mimosen kultivieren. Biot ist bekannt für sein Kunsthandwerk, insbesondere für die Glasbläserei.

Am Fuß des Dorfes widmet sich das **Musée National Fernand Léger** dem Werk des Malers, der seinen Lebensabend in Biot verbrachte (255, chemin du Val de Pôme, Mai–Okt. Mi–Mo 10–18, Nov.–April 10–17 Uhr, www.musees-nationaux-alpesmaritimes.fr/fleger, 5,50 €).

SHOPPING

Verrerie de Biot

Biot ist bekannt für seine *verres bullés*, schlicht-schöne Glaswaren mit unzähligen kleinen Lufteinschlüssen.

- Chemin des Combes | 06410 Biot
  www.verreriebiot.com

ANTIBES 9 U9

An Markttagen herrscht besonders viel Rummel in der Altstadt von Antibes (73 000 Einw.) und der überdachten Halle an der Place Masséna. Im Schloss Grimaldi, direkt am Meer, lebte und arbeitete Mitte der 1940er-Jahre Picasso. Nun sind dort im **Musée Picasso** sein Atelier und eine Dokumentation über sein Leben sowie zahlreiche Werke zu sehen (Place Mariejol, Mitte Juni–Mitte Sept. Di–So 10–18, sonst 10–13, 14–18 Uhr, 6 €).

JUAN-LES-PINS 10 U9

Der mit Antibes fast zusammengewachsene Badeort erwacht vor allem nachts zum Leben. Das im Sommer stattfindende **Jazzfestival** zählt zu den wichtigsten in Europa. Hier traten schon Größen wie Count Basie, Dizzy Gillespie und Miles Davis auf.

HOTEL

Hotel de la Pinède €€

Modernes Interieur in einem historischen Haus, in dem schon Hemingway nächtigte. Super Lage.

- 7, ave. Georges Gallice
  06160 Juan-les-Pins | Tel. 04 93 61 03 95
  www.hoteldelapinede.fr

VALLAURIS 11 U9

Nicht nur in Mougins, sondern vor allem hier hat Pablo Picasso Spuren hinterlassen. Den Dorfplatz ziert seine Skulptur »Mann mit Schaf« und 1952 schuf er die beiden berühmten Wandgemälde »Krieg« und »Frieden« in der romanischen Kapelle des Ortes. Sie ist als **Musée National Picasso** der Öffentlichkeit zugänglich (Place de la Libération, Mi–Mo 10–12.15, 14–17, Juli, Aug. tgl. 10–12.45, 14.15–18.15 Uhr, www.musees-nationaux-alpesmaritimes.fr/picasso, 6 €).

CANNES 12 ★ U9

Im 19. Jh. entdeckte der englische Lord Brougham auf dem Weg nach Nizza zufällig das damalige Fischerdorf Cannes (72 000 Einw.), das in der Belle Époque populär wurde. Palmen, Casinos und Hotelpaläste säumen den **Boulevard de la Croisette.** Hier ist der Palais des Festivals et des Congrès alljährlich im Mai bei den Festspielen Treffpunkt der internationalen Filmwelt.

In der Altstadt bietet sich von der **Tour du Suquet,** einem alten Wachturm, ein herrlicher Blick über die Stadt (Di–So 10–13, 14–18, Juli, Aug. 10–19 Uhr). Die Wallfahrtskirche **Notre-Dame-de-l'Espérance** hat einen sehenswerten Chorraum.

INFO

Office de Tourisme

- 1, bd. de la Croisette | 06400 Cannes
  Tel. 04 92 99 84 22
  www.cannes-destination.fr

HOTEL

Hotel Molière €€–€€€

Nahe der Croisette und dem Strand, aber dennoch ruhig gelegen; die meisten der 24 modernen Zimmer haben einen Balkon mit Blick auf den Garten.

- 5–7, rue Molière | 06400 Cannes
  Tel. 04 93 38 16 16
  www.hotel-moliere.com

RESTAURANT

Da Bouttau – Auberge Provençale €€€

Gemütlich und farbenfroh eingerichtetes Lokal von 1860 mit Balkendecke und Terrasse; provenzalische Küche.

- 10, rue St-Antoine | 06400 Cannes
  Tel. 04 92 99 27 17 | www.dabouttau.com

AUSFLUG ZU DEN ÎLES DE LÉRINS

Vom Vieux Port in Cannes starten regelmäßig Fähren zu den grünen **Îles de Lérins**: Im Fort der größeren Insel **Ste-Marguerite** soll im 17. Jh. der geheimnisvolle »Mann mit der eisernen Maske« gefangen gehalten worden sein.

Auf dem kleineren Eiland **St-Honorat** gründeten im 5. Jh. Mönche ein Kloster, das heute als kleines Museum antike Fundstücke birgt. Beide Inseln können auf Rundwegen erkundet werden, kleine Strände laden zum Baden ein.

VERKEHRSMITTEL

Trans Côte d'Azur

Im Sommer ab 7.30 Uhr, Fahrtdauer nach Ste-Marguerite 15 Min.

- Tel. 04 92 98 71 30
  www.trans-cote-azur.com

Compagnie Planaria

Abfahrten ab 8 Uhr, Fahrtdauer nach St-Honorat 30 Min.

- Tel. 04 92 98 71 38
  www.cannes-ilesdelerins.com

MOUGINS 13 U9

Der Ort (20 000 Einw.) wäre vermutlich einer unter vielen, hätten dort nicht Berühmtheiten wie Jean Cocteau, Fernand Léger, Pablo Picasso, Christian Dior, Edith Piaf und Jacques Brel einen Teil ihres Lebens verbracht. Noch bekannter ist Mougins aber für seine Gastronomie: Im Ort konzentrieren sich mehrere Gourmetrestaurants.

RESTAURANTS

Le Mas Candille €€€

Das hervorragende Restaurant unter der Regie von Küchenchef David Chauvac zählt zu den Sternen am Michelin-Himmel.

- Bd. Clément Rebuffel
  06250 Mougins | Tel. 04 92 28 43 43
  www.lemascandille.com

L'Amandier de Mougins €€–€€€

Angenehmes Lokal mit Panoramaterrasse, das feine Gerichte nach regionalen Rezepten serviert.

- 48, ave. Jean-Charles Mallet
  06250 Mougins | Tel. 04 93 90 00 91
  www.amandier.fr

GRASSE 14 U9

In Grasse (51 000 Einw.) entwickelte sich im 18. Jh. die Parfümindustrie. Verschiedene Herstellungsverfahren dokumentiert das **Musée International de la Parfumerie** (2, bd.

du Jeu de Ballon, Mai–Sept. tgl. 10–19, sonst tgl. 10–17.30 Uhr, 4 €). Fabriken wie **Molinard** (60, bd. Victor-Hugo, www.molinard.com), **Fragonard** (20, bd. Fragonard, www.fragonard.com) und **Galimard** (73, rte. de Cannes, www.galimard.com) können besichtigt werden. › mehr S. 12 Punkt 1

Die Gassen der **Altstadt** 5 verdanken ihren Charme den hohen, schmalen Häusern, Schatten spendende Arkaden verleihen der Place aux Aires ein besonderes Flair. Rund um den zentralen Brunnen findet täglich ein bunter Blumenmarkt statt. Die **Villa Musée Jean Honoré Fragonard** stellt Werke des Rokokomalers aus, der 1732 in Grasse auf die Welt kam (23, bd. Fragonard, Juli–Sept. tgl. 13–18.30 Uhr, 2 €).

Das Musée de la Parfumerie in Grasse entführt in die Welt der Düfte

INFO

Office de Tourisme

- Place de la Buanderie
  06131 Grasse | Tel. 04 93 36 66 66
  www.tourisme.paysdegrasse.fr

HOTEL

La Bellaudière €–€€

Über 300 Jahre altes, charmantes Logis-Haus, manche Zimmer mit Meerblick. Eigenes Restaurant.

- 78, ave. P. Ziller (ca. 3 km außerhalb)
  06130 Grasse | Tel. 04 93 36 02 57
  www.labellaudiere.com

RESTAURANT

Bastide St-Antoine €€€

Elegantes Hotelrestaurant mit einem Michelin-Stern. Küchenchef Chibois verwöhnt mit superben Kreationen.

- 48, ave. Henri Dunant
  06130 Grasse | Tel. 04 93 70 94 94
  www.jacques-chibois.com

CORNICHE DE L'ESTÉREL

Vor dem Massif de l'Estérel stellt die hinreißend schöne, ca. 30 km lange Corniche de l'Estérel die Straßenverbindung zwischen Cannes und St-Raphaël her. An mehreren Stellen liegen stille Buchten, die nur über steile Pfade erreichbar und von der Straße aus zum Teil gar nicht zu sehen sind. Wanderer haben vom 492 m hohen **Pic de l'Ours** einen fantastischen Blick auf die Küste. Einige Meter niedriger ist der **Pic du Cap Roux,** die Aussicht ist ebenfalls atemberaubend.

ST-RAPHAËL 15 T10

St-Raphaël liegt in den Vorbergen des Estérel-Gebirges mit Blick auf den Golf von Fréjus. Megalithe, u. a. der Menhir von Aire Peyronne, zeugen von früher Besiedlung. Die Kirche **St-Pierre** besteht aus drei übereinander liegenden Gebäuden. Als man sie um 1150 errichtete, wurden Reste antiker Bauten verwendet.

ST-TROPEZ 16 T10

Das einst stille Fischerörtchen lebt heute noch vom Ruhm, für kurze Zeit Treffpunkt des internationalen Jetset gewesen zu sein. Bevor es in den 1950er-Jahren der Regisseur Vadim und sein Star Brigitte Bardot bekannt machten, hatten Schriftsteller wie Boris Vian und Intellektuelle des Existenzialismus seine Verschwiegenheit gelobt. › mehr S. 16 Punkt 30 und S. 17 Punkt 32

St-Tropez wird von einer **Zitadelle** (1592) überragt, die schöne Ausblicke bietet. Das in einer ehemaligen Kapelle am Hafen untergebrachte **Musée de l'Annonciade** besitzt einige herausragende Werke der klassischen Moderne, darunter Gemälde von Signac, Matisse, Seurat und Bonnard sowie Skulpturen von Maillol (2, pl. Georges Grammont, Di–So 10–18 Uhr, Mitte Juli bis Sept. tgl., 6 €).

HOTEL

Lou Cagnard €–€€

19 im provenzalischen Stil eingerichtete, klimatisierte Zimmer rund um einen idyllischen Garten.

- 18, ave. Paul Roussel | 83990 St-Tropez
  Tel. 04 94 97 04 24
  www.hotel-lou-cagnard.com

NIGHTLIFE

Les Caves du Roy

Edel-Nachtklub im Hotel Byblos – hier trifft sich alles, was Rang und Namen hat.

- Ave. du Maréchal Foch | 83990 St-Tropez
  www.lescavesduroy.com

HYÈRES 17 S11

Hauptsächlich als Badeort bekannt, besitzt Hyères eine gut erhaltene Altstadt mit Befestigungsmauern, mittelalterlichen Türmen und Stadttoren. Grünanlagen wie der reizende **Parc Olbius Riquier** laden zum Entspannen ein. Von der sich nach Süden erstreckenden Halbinsel von Giens setzen Fähren zu den zauberhaften Îles d'Hyères › S. 67 über.

HOTEL

Hotel Port Hélène €–€€

Familiär geführtes, sympathisches kleines Hotel in direkter Strandnähe.

- 3658, rte. de l'Almanarre | 83400 Hyères
  Tel. 04 94 57 72 01
  www.hotel-port-helene-hyeres.fr

TOULON 18 S11

Mit unerwartetem Charme überraschen manche Ecken in der Stadt (165 000 Einw.), deren Militärhafen der größte in Frankreich ist. Sehenswert sind im Zentrum z. B. die von Platanen bestandene **Place de la Liberté** und die **Place Puget** mit der Fontaine des Trois Dauphins. Das **Musée National de la Marine** an der Place Monsenergue zeigt Schiffsmodelle und Galionsfiguren (Quai Norfolk, Mi–Mo 10–18 Uhr, Juni–Aug. tgl., Jan. geschl., www.musee-marine.fr, 6,50 €).

Ein Ausflug führt per Auto oder Seilbahn auf den 584 m hohen **Mont Faron**, von wo der Blick weit über die Stadt und die Bucht reicht. Von der Bergstation aus kann man auf mehreren Panoramawegen wandern.

SANARY-SUR-MER 19 R11

Das Dorf wurde als Exilort für deutsche Schriftsteller in den 1930er-Jahren bekannt. Hier fanden u. a. Bert Brecht, Arnold Zweig, Ernst Toller, Thomas, Heinrich, Klaus und Erika Mann, Ernst Bloch, Franz Werfel, Ludwig Marcuse, Alfred Kerr und Joseph Roth zeitweise Zuflucht. Heute ist Sanary ein ruhiger Ferienort für Familien mit einem hübschen Fischereihafen.

CASSIS 20 R11 UND DIE CALANQUES ★

Zu den eigenartigsten Landschaften Südfrankreichs gehören die Calanques bei Cassis, wildromantische Buchten, die wie Fjorde tief ins Land reichen. Einige der von steilen Felswänden überragten Buchten eignen sich zum Baden; viele sind aber nur mit dem Boot zu erreichen. Als Ausgangspunkt für Wanderungen dient das hübsche Städtchen **Cassis.** Rund um den belebten Hafen locken kleine Restaurants mit Fisch und Meeresfrüchten.

Für Thomas Mann war Sanary-sur-Mer die »glücklichste Etappe« seines Exils

BADEN WIE GOTT IN FRANKREICH

Plage Notre-Dame ist nur einer von mehreren Traumstränden auf Porquerolles

Steht als Reiseziel Südfrankreich auf dem Programm, tauchen sogleich Bilder von sonnenüberfluteten Stränden am blitzsauberen blauen Meer vor dem inneren Auge auf. Ob man sich für das Mittelmeer oder die Atlantikküste entscheidet, man hat in jedem Fall die Qual der Wahl. Über die mit der Blauen Flagge für gute Wasserqualität ausgezeichneten Strände informiert die Website www.blueflag.org.

HIGHLIGHTS AN DER CÔTE D'AZUR

Stadtstrand von Menton › S. 68: Nur einen Steinwurf von der Altstadt Mentons entfernt liegt der viel besuchte Strand in unmittelbarer Nähe des Vieux Port. Ein künstlich aufgeschütteter Damm grenzt die durch Bojen gesicherte Schwimmzone zum offenen Meer hin ab. Die Wassertiefe nimmt nur ganz allmählich zu und macht das Plantschen kindersicher.

Robinson-Strand: Von La Tour Fondue südlich von Hyères erreicht man in wenigen Minuten die Insel **Porquerolles** › S. 67. Die kurze Distanz trennt Welten: Eben noch Trubel und Lärm, findet sich hier wohltuende Ruhe. Mit dem Rad erreichen Lärmgeschädigte bequem einen der traumhaften Strände am smaragdgrünen Mittelmeer.

Strand für Klippenspringer: Zwischen dem mondänen Bandol und **Cassis** › S. 79 ragt das Cap de l'Aigle weit ins Meer hinaus und bietet dem

Urlauberstädtchen **La Ciotat** sowie dem **Parc Naturel du Mugel** Windschutz. Ein kurzer Spaziergang führt vom Hafen an einen zwar malerischen, aber oft überlaufenen Strand. Nur ca. 500 m weiter versteckt sich eine weitaus reizvollere, zweite Bucht zwischen den Felsflanken.

Strand für Zweisamkeit: Die ca. 30 km lange **Corniche de l'Estérel** > S. 77 zwischen Cannes und St-Raphaël gehört zu den Highlights der Côte d'Azur: rote Felsen, zerklüftete Steilküsten, schroffe Klippen und dazu Felsvorsprünge mit exotischen Palmenhainen. Etwa in der Mitte zwischen beiden Städten liegen an der **Calanque du Maupas** einige verschwiegene Kieselbuchten.

LANGUEDOC-ROUSSILLON-KÜSTE

Strand für Naturisten: Zwischen Provence und Languedoc gelegen, findet sich die unter Naturschutz stehende **Plage de l'Éspiguette** nahe dem Städtchen Le Grau du Roi. Je weiter man sich vom Parkplatz entfernt, desto einsamer wird es. Ein Teil des herrlichen Dünenstrands ist für FKK reserviert.

Fast 200 km Sandstrand: Sand, angeschwemmte Muscheln und kleine, vom Strandhafer festgehaltene Dünen säumen zwischen **Montpellier** > S. 107 und **Perpignan** > S. 119 den Golfe du Lion. Zu den bekanntesten Badehochburgen gehört **Argelès-Plage.** Campingurlauber verwandeln das Dorf im Sommer in eine ansehnliche Kleinstadt. Der breite, flach abfallende Sandstrand ist für Kinder wie geschaffen.

SILBERSAND, ATLANTIKSTRAND

Etwas südwestlich von **Bordeaux** > S. 131 wartet das Bassin d'Arcachon (www.bassin-arcachon.com) mit Austernbänken, 84 km langen Stränden (wilde Dünenstrände zum Atlantik, ruhige Sandstrände zum Bassin hin) und Europas größter Wanderdüne auf, der Dune du Pilat. > **mehr S. 14 Punkt 20 und S. 15 Punkt 21**

Lange Tradition als Seebad besitzt der hübsche, unverbaute Ort **Arcachon,** dessen Strand zur Hochsaison stark frequentiert wird. Von hier bis nach Biarritz im Süden, aber auch Richtung Norden bis nach Royan säumt die Küste ein herrlicher Dünenstrand, der südlich von Arcachon **Côte d'Argent** genannt wird. Im Hinterland erstrecken sich weite Pinienwälder. Strandvergnügen bieten hier Ferienorte wie **Lacanau Océan, Mimizan Plage** > S. 137 oder **Biscarosse,** wo auch Surfer ideale Bedingungen vorfinden.

An Südfrankreichs Atlantikküste liegen einige der weltbesten Surfspots

RHÔNE-TAL UND PROVENCE

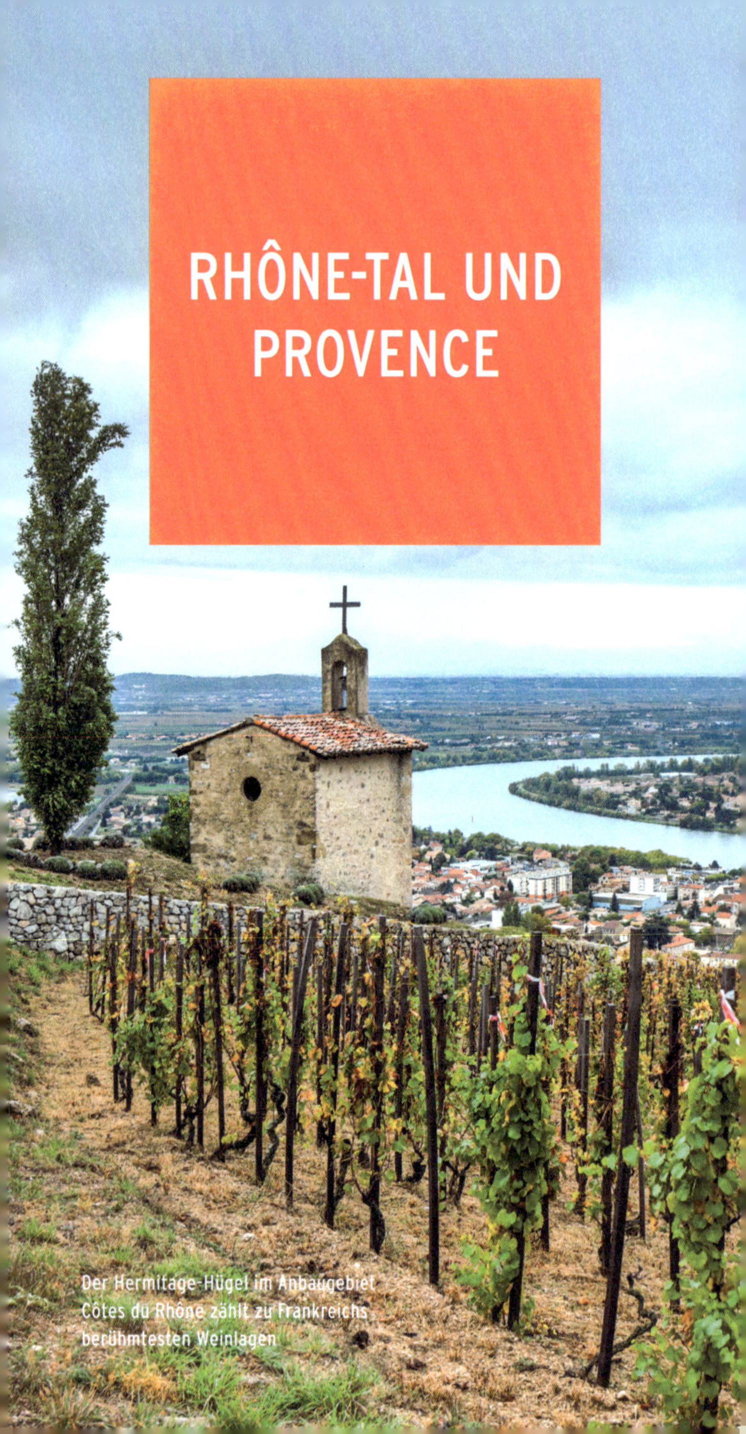

Der Hermitage-Hügel im Anbaugebiet Côtes du Rhône zählt zu Frankreichs berühmtesten Weinlagen

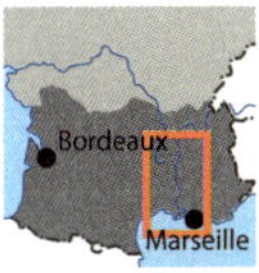

Abseits der großen Verkehrswege erstrecken sich sattgrüne Weinberge und ausgedehnte Obstplantagen, weiter südlich flimmern im Licht des Midi römische Tempel und Theater, Olivenhaine und Zypressen.

Zwischen Lyon und der Mittelmeerküste verläuft im Rhône-Tal Frankreichs zweitlängster Fluss, zwischen dessen beiden Mündungsarmen sich mit der Camargue ein großes Naturschutzgebiet ausdehnt. Mildes Klima lässt im Tal, das auch die Nord-Süd-Verkehrsanbindungen bündelt, aromatisches Obst und gute Weine gedeihen. Um das südliche Rhône-Tal liegt mit der Provence eine an Attraktionen besonders reiche Region: interessante Städte, Sehenswürdigkeiten und Baudenkmäler aus der Römerzeit bis in die Moderne sowie vielfältige Landschaften begeistern Kunstliebhaber wie Genießer.

TOUREN IN DER REGION

TOUR 7

HIGHLIGHTS DER PROVENCE

ROUTE: Lyon > Vaison-la-Romaine > Apt > Les Baux > Aix-en-Provence > Marseille > Arles > Nîmes > Avignon

KARTE: Seite 84
DISTANZEN: ca. 620 km; 7 Tage
PRAKTISCHE HINWEISE:

- Die Tour ist am besten für Selbstfahrer geeignet.

TOUR-START:

Parallel zur »Rennstrecke« Rhône-Tal verläuft die ländliche Tour über typische Provence-Flecken wie die alte Römerstadt **Vaison-la-Romaine** 7 › S. 91 zunächst zum **Mont Ventoux** 8 › S. 92 mit seinem fast vegetationslosen Gipfel. Das für seine kandierten Früchte berühmte **Apt** 14 › S. 94 liegt bereits in der wunderschönen Berglandschaft des Luberon, von der es über das Durance-Tal südwestlich nach **Les Baux** 16 › S. 94 in den stillen Alpilles und weiter ins elegante **Aix-en-Provence** 17 › S. 94 geht, wo man dem provenzalischen Lebensstil eine Spur exquisiter frönt als anderswo.

Mit **Marseille** 18 › S. 96 erreicht man Frankreichs zweitgrößte Stadt, deren Herzstück schon immer der malerische Vieux Port bildet. Eine eher kleinstädtische Atmosphäre herrscht in **Arles** 19 › S. 98 um die fast 2000 Jahre alte römische Arena, die auch heute noch Schauplatz vieler großer Veranstaltungen ist. Nach

Lyon
START
Vienne
Beaurepaire
Hauterives
St-Marcellin
Romans
Valence
Crest
Die
Bourdeaux
Nyons
Grignan
Vaison-la-Romaine
Orange
1912 Mt. Ventoux
Sault
Carpentras
Fontaine-de-Vaucluse
Abbaye de Sénanque
L'Isle-sur-la-Sorgue
St-Saturnin-lès-Apt
Roussillon
Gordes
Apt
Avignon
Cavaillon
Bonnieux
Parc Régional du Lubéron
Cadenet
Les-Baux-de-Provence
Salon-de-P.
Aix-en-Provence
Marseille
Istres
Port-St-Louis
Arles
Camargue
Parc National de Camargue
Les Stes-Maries-de-la-Mer
Aigues-Mortes
La-Grande-Motte
St-Gilles
Nîmes
Pont du Gard
Montpellier
Sète
Golfe du Lion
MITTELMEER
Clermont-Ferrand
Feurs
Montbrison
Ambert
St-Etienne
St-Bonnet-le-Château
Craponne
Annonay
Tournon-s.-R.
Le-Puy-en-Velay
St-Agrève
Lamastre
Le-Cheylard
Privas
Aubenas
Montélimar
Villefort
P.N. des Cévennes
Florac
Cévennes
Gorges de l'Ardèche
Cèze
St-Jean-du-G.
Alès
Anduze
Le Vigan
Ganges
St-Martin-de-Londres
Crémieu
Morestel
Bourgoin-Jallieu
Chambéry
Grenoble
Toulon
Narbonne
Rhône
Loire
Allier
Ardèche
Gard
Hérault
0
50 km

einem Abstecher in die reizvolle **Camargue** › S. 101, wo sich weiße Pferde, schwarze Stiere und rosafarbene Flamingos die Weiden teilen, erreicht man **Nîmes** 20 › S. 99 mit seinen berühmten antiken Monumenten. Vom großen technischen Können der Römer zeugt der nahe, zum UNESCO-Weltkulturerbe zählende **Pont du Gard** › S. 100. Letzte Etappe ist die ehemalige Papstresidenz **Avignon** 10 › S. 93, heute ein lebendiges Kulturzentrum.

TOUR 8

LANDPARTIE IN LAVENDELBLAU

ROUTE: Avignon › L'Isle-sur-la-Sorgue › Mt. Ventoux › Sault › St-Saturnin-lès-Apt › Apt › Roussillon › Gordes › Abbaye de Sénanque › Fontaine de Vaucluse › Cavaillon › Avignon

KARTE: Seite 84
DISTANZEN: ca. 320 km; 3–4 Tage

PRAKTISCHE HINWEISE:

- Von Avignon abgesehen liegen die Etappenziele dieser Tour abseits der großen Verkehrsverbindungen, weswegen man auf einen Pkw angewiesen ist.

TOUR-START:

Etwas weniger als 30 km liegen zwischen **Avignon** 10 › S. 93 und **L'Isle-sur-la-Sorgue** am Fluss Sorgue mit seinen vielen Brücken und den bemoosten Schaufelrädern. Richtung Norden geht es über Carpentras zu den **Dentelles de Montmirail**, einem über 700 m hohen Bergzug mit zerklüfteten Gipfeln, der zum Massiv des **Mont Ventoux** 8 › S. 92 weiter östlich gehört, dem Wahrzeichen der Provence. Noch weiter südöstlich dehnt sich um **Sault** eine Hochfläche aus, die für den Anbau von Lavendel wie geschaffen ist und sich im Juli/August im schönsten Blau zeigt.

Eine kurvige Nebenstrecke mäandert an der **Gorge de la Nesque** entlang ins verschlafene **St-Saturnin-lès-Apt** und in den von einer historischen Stadtmauer umgebe-

TOUREN IM RHÔNE-TAL UND IN DER PROVENCE

TOUR 7

HIGHLIGHTS DER PROVENCE

Lyon › Vaison-la-Romaine › Apt › Les Baux › Aix-en-Provence › Marseille › Arles › Nîmes › Avignon

TOUR 8

LANDPARTIE IN LAVENDELBLAU

Avignon › L'Isle-sur-la-Sorgue › Mt. Ventoux › Sault › St-Saturnin-lès-Apt › Apt › Roussillon › Gordes › Abbaye de Sénanque › Fontaine de Vaucluse › Cavaillon › Avignon

nen Marktflecken **Apt** 14 › S. 94. **Roussillon** 13 › S. 94 ist wegen seiner Ockersteinbrüche ein populäres Ziel, während das pittoreske **Gordes** auf dem Weg in die Einsamkeit der **Abbaye de Sénanque** 12 › S. 93 liegt, die sich von ihrer schönsten Seite zeigt, wenn die umliegenden Lavendelfelder in voller Blüte stehen. Über **Fontaine de Vaucluse** 11 › S. 93, wo die Sorgue in einer Felsgrotte entspringt, geht es über die Melonenstadt **Cavaillon** 15 › S. 94 zurück nach Avignon.

VERKEHRSMITTEL

Durch das Rhône-Tal führen schnelle Bahn- und Autobahnverbindungen. Sportliche Provence-Fahrer können z. B. in Avignon Räder mieten (Provence Bike, 7, ave. St-Ruf, Tel. 04 90 27 92 61, www.provence-bike.com).

WICHTIGE ADRESSEN

- www.provenceweb.fr: Tipps zu Übernachtungsmöglichkeiten, Restaurants und Aktivitäten.
- www.tourismepaca.fr: Internetseite des Comité Régional de Tourisme Provence-Alpes-Côte d'Azur.

UNTERWEGS IN DER REGION

LYON 1 ★ P3

Die drittgrößte Stadt Frankreichs (506 000 Einw.) präsentiert sich betont dynamisch und rüstet sich für eine in Zukunft noch bedeutendere Rolle in Europa. Auf wirtschaftlichem Gebiet wurde die seit dem 16. Jh. bedeutende Seidenproduktion längst durch Chemie-, Erdöl- und Pharmaindustrie verdrängt. Vor den Toren der Rhône-Metropole entstanden moderne Industrie- und Hightechparks mit einem Schwerpunkt auf Biotechnologie.

Lyon gilt als gastronomische Hauptstadt Frankreichs – Maître Paul Bocuse schuf von hier aus ein Kochimperium. Vor den Toren der Stadt liegen die berühmten Weinbaugebiete Beaujolais und Côtes du Rhône. Untrennbar mit Lyon verbunden ist schließlich auch der Name der Brüder Lumière, der Wegbereiter des modernen Kinos. In der Straße im 8. Arrondissement, wo sie ihren ersten Film drehten, widmet sich heute das **Musée Lumière** ihrem Leben und Werk (25, rue du Premier Film, Monplaisir, Di–So 10–18.30 Uhr, www.institut-lumiere.org, 7 €).

HÜGEL VON FOURVIÈRE

Auf dem **Hügel von Fourvière** nahm die Geschichte Lyons ihren Anfang. Unzählige Stufen und zwei Drahtseilbahnen führen ab der **Gare Funiculaire** A hinauf zu dem Punkt, an dem die Römer den Grundstein für ihre Siedlung legten. Jetzt steht dort das **Musée Gallo-Romain de Lyon-Fourvière** B mit einem Modell des antiken Lugdunum (17, rue Cléberg, Di–Fr 11–18, Sa, So 10–18 Uhr, www.museegallo romain.grandlyon.com, 7 €). Nebenan sieht man Reste des unter Augus-

- **A** Gare Funiculaire
- **B** Musée Gallo-Romain de Lyon-Fourvière
- **C** Basilique Notre-Dame
- **D** Cour des Loges
- **E** Hôtel Gadagne
- **F** Musée Miniature et Cinéma
- **G** Maison des Canuts
- **H** Musée des Beaux-Arts
- **I** Musée de l'Imprimerie
- **J** Place Bellecour
- **K** Musée des Tissus
- **L** Musée des Confluences

Quai Fulchiron mit der Église St-Georges und der gleichnamigen Fußgängerbrücke

tus erbauten Theaters. Auf der Hügelspitze thront die im 19. Jh. errichtete **Basilique Notre-Dame** C, von deren Vorplatz sich ein herrlicher Blick über die Stadt bietet (Basilika tgl. 7–19, Aussichtsplattform tgl. 7–22 Uhr).

VIEUX LYON

Unterhalb von Fourvière liegt die Altstadt Lyons, eines der schönsten Renaissanceviertel Frankreichs und Weltkulturerbe. Viele Stadthäuser wurden aufwendig restauriert, darunter die **Cour des Loges** D, heute ein Hotel für gehobene Ansprüche › S. 89. Die im Schachbrettmuster angelegten Straßen verbinden *traboules*, überdachte Passagen, die oft durch prächtige Innenhöfe verlaufen. Sie ermöglichten es den Seidenwebern, ihre kostbare Ware zu transportieren, ohne dabei dem Wetter ausgesetzt zu sein.

Das **Hôtel Gadagne** E an der Place du Petit Collège beherbergt als Musée Gadagne das stadtgeschichtliche **Musée d'Histoire de Lyon** und das **Musée des Arts de la Marionnette**, in dem neben mehr als 2000 Puppen Guignol und sein Gegenspieler Gnafron die Hauptrollen spielen (1, pl. du petit Collège, Mi–So 10.30–18.30 Uhr, www.gadagne.musees.lyon.fr, 6/8 €).

Puppenhäuser, Miniaturstilmöbel und Modelle von Pariser Kabaretts im Miniaturformat zeigt das **Musée Miniature et Cinéma** F (60, rue Saint-Jean, Mo–Fr 10–18.30, Sa, So 10–19 Uhr, www.museeminiatureetcinema.fr, 9,50 €).

NÖRDLICH DER ALTSTADT

Das der Altstadt gegenüberliegende Saône-Ufer erreicht man am besten über die Fußgängerbrücke St-Vincent. Einen Umweg lohnt die **Mai-**

son des Canuts G, die über die Lyoner Seidenweberei informiert (12, rue d'Ivry, Mo–Sa 10–18.30 Uhr, Führungen 11 und 15.30 Uhr, www.maisondescanuts.com, 2 €). Im ehemaligen Weberviertel **Croix Rousse** verläuft man sich leicht in den unzähligen *traboules*.

ZWISCHEN DEN FLÜSSEN

Zwischen Saône und Rhône erstrecken sich Lyons Geschäftsviertel. In der Nachbarschaft des Hôtel de Ville präsentiert das **Musée des Beaux-Arts** H eine der größten Kunstsammlungen Frankreichs (20, pl. des Terreaux, Mi–Mo 10–18, Fr 10.30–18 Uhr, www.mba-lyon.fr, 8 €). Eine imposante Stahl-Glas-Kuppel von Jean Nouvel krönt das klassizistische **Opernhaus** an der Place de la Comédie.

Die Entwicklung des Buchdrucks vom Holzschnitt bis zum Lichtsatz dokumentiert das sehenswerte **Musée de l'Imprimerie** I (13, rue de la Poulaillerie, Mi–So 10.30–18 Uhr, www.imprimerie.lyon.fr, 8 €).

Rund um die **Place Bellecour** J pulsiert in teuren Einkaufsstraßen das Leben. Kostbare Textilien aus aller Welt zeigt das **Musée des Tissus** K (34, rue de la Charité, Di–So 10–18 Uhr, www.mtmad.fr, 10 €).

Am Zusammenfluss von Rhône und Saône eröffnete im Jahr 2014 das futuristische **Musée des Confluences** L, das Entwicklung und Grundfragen der menschlichen Gesellschaften verständlich machen will (86, quai Perrache, Di–Fr 11–19, Sa, So 10–19, Do 11–22 Uhr, www.museedesconfluences.fr, 9 €).

INFO

Office de Tourisme

- Place Bellecour | 69214 Lyon Cedex
  Tel. 04 72 77 69 69
  www.de.lyon-france.com

VERKEHRSMITTEL

- **Flughafen:** Aéroport Lyon St-Exupéry (26 km östlich der Stadt, Infos unter www.lyonaeroports.com).
- **Bahn:** Zentrale TGV-Bahnhöfe sind Part-Dieu und Perrache.
- **Stadtverkehr:** Metro, Straßenbahnen und Busse (www.tcl.fr).

HOTELS

Cour des Loges €€€

Renaissancegebäude mit 62 um den Innenhof gruppierten Zimmern.

- 6, rue du Bœuf | 69005 Lyon
  Tel. 04 72 77 44 44
  www.courdesloges.com

La Résidence €€

Familiengeführtes Hotel in einer Fußgängerzone, relativ schlicht, aber preisgünstig.

- 18, rue Victor Hugo | 69002 Lyon
  Tel. 04 78 42 63 28
  www.hotel-la-residence.com

RESTAURANTS

Pierre Orsi €€€

Im Lokal des Starkochs werden in prunkvollem Rahmen exquisite Speisen serviert.

- 3, pl. Kleber | 69006 Lyon
  Tel. 04 78 89 57 68 | www.pierreorsi.com

Brasserie Georges €€

Traditionslokal mit Jugendstildekor. Gute regionale Hausmannskost.

- 30, cours de Verdun | Perrache
  69002 Lyon | Tel. 04 72 56 54 54
  www.brasseriegeorges.com

SHOPPING

Zu den schönsten lokalen Märkten zählen der **Markt am Quai St-Antoine** (Di, Mi, Do 6–13, Fr, Sa 6–13.30, So 6–14 Uhr) und die **Halles de Lyon Paul Bocuse** an der Cours Lafayette (Mo–Sa 7–22.30, So, Fei 7–13 Uhr, www.halles-de-lyon-paulbocuse.com).

VIENNE 2 P3

An die Bedeutung von Vienne (29 000 Einw.) in der Römerzeit erinnern die Reste des **Tempels des Augustus und der Livia** (frei zugänglich). Korinthische Säulen verleihen ihm Eleganz. Im antiken **Theater**, das 13 000 Zuschauer fasste, finden heute wieder Events statt, so z. B. beim Festival **Jazz à Vienne** im Juni/Juli (www.jazzavienne.com). An der Place de Miremont hütet das **Musée des Beaux-Arts et d'Archeologie** Werke römischer und frühchristlicher Kunst, u. a. Mosaike und Sarkophage (April–Okt. Di–So 9.30 bis 13, 14–18, Nov.–März 9.30 bis 12.30, 14–17, Sa, So nur 13.30 bis 17.30 Uhr, 3 €). Die ab 1130 erbaute Kathedrale **St-Maurice** besticht durch ihre Fassadenzier im spätgotischen Flamboyantstil. Besonders schön ist der Besuch von Vienne freitags, wenn im Zentrum ein großer Markt stattfindet.

HOTEL

La Gabetière €–€€

Das alte charmante Landhaus hat 12 unterschiedlich gestaltete Zimmer, dazu einen Pool und einen Park.

- 38780 Estrablin (ca. 8 km östlich)
  Tel. 04 74 58 01 31
  www.la-gabetiere.com

LE PUY-EN-VELAY 3 N5

Schon von Weitem fallen die drei Basaltkegel ins Auge, um die sich die Stadt (19 000 Einw.) ausbreitet. Le Puy-en-Velay ist schon seit dem Mittelalter ein Sammelpunkt für Pilger auf dem Weg nach Santiago de Compostela.

Mit ihren sechs Kuppeln, die das Kirchenschiff überwölben, ist die von der UNESCO zum Weltkulturerbe erklärte **Cathédrale Notre-Dame** das markanteste Bauwerk der Stadt. Besonders beeindruckend wirkt sie, wenn man über die mittelalterlichen Steinstufen der Rue de Table zu ihr hinaufsteigt. Der Schwarzen Madonna im Inneren der Kirche wegen ist die Stadt bereits seit dem 10. Jh. ein viel besuchtes Pilgerziel.

Auf einer spitzen Felsnadel thront weithin sichtbar **St-Michel-d'Aiguilhe** aus dem 10./11. Jh. Bis zum Gipfel des Rocher St-Michel muss man 270 Stufen erklimmen und kann nebenbei die wunderbare Aussicht genießen.

INFO

Office de Tourisme

- 2, pl. du Clauzel | 43000 Le Puy-en-Velay
  Tel. 04 71 09 38 41
  www.lepuyenvelay-tourisme.fr

HOTEL

Inter-Hotel Bristol €€

Modern ausgestattetes Hotel nahe der Kathedrale mit schönem Garten.

- 7–9, ave. Maréchal Foch
  43000 Le Puy-en-Velay
  Tel. 04 71 09 13 38
  www.hotelbristol-lepuy.com

GRIGNAN 4 P7

Auch ohne die Briefe der Madame de Sévigné (1626–1696) gelesen zu haben, versteht man schnell, warum die Schwiegermutter des Grafen von Grignan hier gern weilte: Das imposante **Schloss** mit Teilen aus dem 12. Jh. bietet von seinen weitläufigen Terrassenanlagen herrliche Ausblicke auf die umliegenden Berge.

NYONS 5 Q7

In der Gegend um Nyons gedeiht die Tanche-Olive, eine kälteresistente Sorte, die vor allem zu Öl gepresst wird. Im Februar feiert die Stadt das Olivenfest. Nyons selbst ist ein nettes Städtchen römischen Ursprungs am Ufer des Flusses Eygues, wo man im Sommer herrlich baden kann.

INFO

Office de Tourisme

- Place de la Libération | 26110 Nyons
  Tel. 04 75 26 10 35
  www.baronnies-tourisme.com

RESTAURANTS

D'un Gout à l'Autre €€

Winziges Lokal mit hervorragender Küche, die Geschmackserlebnisse garantiert.

- 21, rue des Déportés | 26110 Nyons
  Tel. 04 75 26 62 27
  www.dungoutalautre.fr

SHOPPING

Cooperative Agricole Nyonsais Vignolis

Verkauf von A.O.C.-Olivenöl und Wein.

- Place Olivier de Serres | 26110 Nyons
  Tel. 04 75 26 95 09 | www.vignolis.fr

ARDÈCHE-SCHLUCHT 6 O7

Die **Ardèche-Schlucht** mit ihren von Höhlen durchsetzten Steilhängen ist ein beliebtes Ziel für Kajakfahrer › Seitenblick S. 33 und Wanderer. Geführte Touren vermittelt das Office de Tourisme in **Vallon-Pont-d'Arc** (www.ardeche-guide.com).

Hier wurde 2015 mit der **Caverne du Pont-d'Arc** eine verkleinerte Kopie der benachbarten Grotte Chauvet eröffnet, in der man 1994 ca. 35 000 Jahre alte Steinzeitmalereien entdeckt hatte (wechselnde Öffnungszeiten s. Webseite, www.cavernedupontdarc.fr, 15 €, Tickets unbedingt vorab reservieren!).

HOTEL

Berneron €€

Herrliches altes Haus mit Pool im Zentrum von Vallon-Pont-d'Arc.

- 6, rue du Miarou | 07150 Vallon Pont d'Arc
  Tel. 04 75 88 02 12
  www.hotel-ardeche.com

VAISON-LA-ROMAINE 7 Q8

Hauptattraktion der Kleinstadt (6000 Einw.) sind die Ausgrabungen der römischen Siedlung Vasio Vocontiorum. Im Quartier du Puymin entdeckte man u. a. die **Maison des Messii**, das Haus einer reichen Familie. Im selben Viertel stehen der **Porticus Pompeius**, ein Nymphäum, das archäologische Museum und Reste eines Amphitheaters.

Über eine alte römische Brücke gelangt man in die Oberstadt mit verwinkelten Straßen und kleinen Plätzen mit Brunnen.

MONT VENTOUX 8 6 Q8

Von Vaison-la-Romaine bietet sich ein weiter Blick auf das Tal der Ouvèze, die Landschaft der Baronnies und den 1912 m hohen Mont Ventoux, das Wahrzeichen der Provence. Der Temperaturunterschied vom Fuß des Berges bis zur Spitze kann im Sommer bis zu 11 °C betragen. Auf der steinigen Kuppe gedeihen Pflanzen, die sonst nur in subpolaren Zonen zu finden sind. Kahl ist der Ventoux schon seit dem 16. Jh., als er für die Schiffswerften von Toulon abgeholzt wurde. Inzwischen forstet man seine Flanken wieder auf. Die zum Gipfel hinaufführende Straße ist bei Rennradfahrern als Übungsstrecke beliebt (Wintersperre Anf. Nov.–Mitte Mai).
› mehr S. 12 Punkt 4

ORANGE 9 P8

Die Bedeutung der Stadt (30 000 Einw.) zur Römerzeit bezeugt der **Arc de Triomphe**, auf dessen Fries Motive wie in Ketten gelegte Gallier Roms Überlegenheit herausstellen. Das 2000 Jahre alte **Théâtre Antique** am Hügel von St-Eutrope beeindruckt durch seine hervorragend erhaltene, 36 m hohe Bühnenwand. Sie gewährleistet eine hervorragende Akustik, die während der Festspielwochen im Juli dem Publikum reinen Musikgenuss sichert. Dem Theater gegenüber zeigt das **Musée d'Art et d'Histoire** Malerei des 17.–20 Jhs. und antike Fundstücke (April–Sept. tgl. 9–18/19 Uhr, sonst kürzer, 5,50 €, mit Theater 9,50 €).

Aufführung von Georges Bizets Oper »Carmen« im antiken Theater von Orange

AVIGNON 10 P9

Die Blüte der Stadt (92 000 Einw.) begann mit dem Einzug der Päpste im 14. Jh. Der auf dem Rocher des Doms errichtete gotische **Palais des Papes** 7, der zu den meistbesuchten Sehenswürdigkeiten Frankreichs zählt, ähnelt einer Festung. Der Kunstsinn der Päpste zeigt sich in den Privatgemächern ebenso wie in der Chapelle St-Martial (April–Juni tgl. 9–19, Juli 9–20, Aug. 9–20.30 Uhr, sonst kürzer, www.palais-des-papes.com, 12 €).

Nur wenige Schritte entfernt liegt die **Place de l'Horloge,** das quicklebendige Zentrum Avignons. Im Dezember findet hier einer der stimmungsvollsten Weihnachtsmärkte der Provence statt. Zu den schönsten Altstadtstraßen zählt die mit Flusskieseln gepflasterte **Rue des Teinturiers,** die von einem Seitenarm der Sorgue begleitet wird.

Die im 12. Jh. erbaute Rhône-Brücke **Pont St-Bénézet** bestand einst aus 22 Bögen, von denen noch vier erhalten sind – Hochwasser und Kriege haben das Bauwerk mehrfach schwer beschädigt. Bekannt wurde die Brücke durch das Kinderlied »Sur le Pont d'Avignon« (geöffnet wie Palais des Papes, 5 €).

HOTELS

La Mirande €€€

Boutiquehotel in einem historischen Stadtpalast. Das Restaurant mit Speisesaal aus dem 18. Jh. und Terrasse im lauschigen Innenhof serviert Bio-Feinschmeckerküche.

- 4, pl. de l'Amirande | 84000 Avignon
  Tel. 04 90 14 20 20 | www.la-mirande.fr

La Ferme €€

Ehemaliger Bauernhof auf der Rhône-Insel Barthelasse etwas abseits des Zentrums; große Zimmer, gutes Restaurant.

- 110, chemin des Bois | 84000 Avignon
  Tel. 04 90 82 57 53
  www.hotel-laferme.com

FONTAINE-DE-VAUCLUSE 11 Q9

Im 14. Jh. lebte hier der Dichterfürst Petrarca, dem ein **Museum** gewidmet ist (April–Sept. Do–Mo 11–13, 14–18 Uhr, 3,50 €). Außerdem gibt es eine **Papiermühle** mit großem Wasserrad. Dort wird nach überlieferter Methode Papier handgeschöpft (www.moulin-vallisclausa.com). Hauptattraktion des Ortes ist ein riesiger **Quelltopf** am Ende des Tals. Am Fuß einer 200 m hohen Felswand sprudelt die Sorgue aus unergründlicher Tiefe.

HOTEL

Hôtel du Poète €–€€€

Eine alte Mühle mit idyllischem Garten wurde in ein liebenswertes Hotel mit provenzalischem Charme verwandelt.

- Le Village
  84800 Fontaine de Vaucluse
  Tel. 04 90 20 34 05
  www.hoteldupoete.com

ABBAYE DE SÉNANQUE 12 Q9

Im weltentrückten Tal der Sénancole erhebt sich die Abtei im Sommer aus blühenden Lavendelfeldern – eine wahre Traumkulisse. Zisterzienser gründeten das Kloster anno 1148. Es erlebte eine Blütezeit, nachdem es mit Benedikt XII. (1334–1342) einen Papst (in Avignon) hervorgebracht hatte. Die Abtei besticht durch die fast kristalline Klarheit ihrer Architektur, die die einzelnen Bauteile auf geometrische Körper reduziert (Öffnungszeiten und Termine von Führungen unter www.senanque.fr, 7,50 €).

ROUSSILLON 13 Q9

Nicht nur blühende Lavendelfelder bringen Farbe in die provenzalische Landschaft. Das Dorf Roussillon ist für seine **Ockersteinbrüche** bekannt, deren Farbspektrum zwischen Safrangelb, Zinnoberrot und Purpur changiert. Bestechend schön ist der Kontrast zu den grünen Pinien. Auf zwei Wanderwegen (30 und 40 Min.) kann man das am Ortsrand liegende Naturwunder näher kennenlernen.

APT 14 Q9

Teile der alten Stadtmauer umgeben den Ort (12 000 Einw.), der für kandierte Früchte, schöne Fayencen und Lavendelprodukte bekannt ist. Verkauft werden sie auf dem Wochenmarkt, der Samstag auf der **Place des Martyrs de la Résistance** stattfindet (Juni–Sept.). Apt ist zudem Verwaltungssitz des **Parc Naturel Régional du Luberon** mit seinen grünen Hügeln und verträumten kleinen Bergdörfern (nähere Infos unter www.parcduluberon.fr).

CAVAILLON 15 Q9

Cavaillon (25 000 Einw.) ist Franzosen als Melonenhauptstadt ein Begriff (Ernte: Juni–Sept.). Auf einem Hügel liegt inmitten von Zypressen, Kiefern und Mandelbäumen die romanische Kapelle **St-Jacques**. Die kleine Eremitage nebenan war bis Anfang des 20. Jhs. bewohnt.

LES-BAUX-DE-PROVENCE 16 P9

Wie ein Adlerhorst schmiegen sich die grauen Steinhäuser von Les-Baux-de-Provence in die Felslandschaft der Alpilles. Im Mittelalter war das **Schloss** der örtlichen Grafen Treffpunkt der Troubadoure des gesamten Südens. Heute ist das malerische Dorf, dessen Hauptstraße historische **Stadtpaläste** aus dem 16. Jh. säumen, ein Touristenmekka mit viel Atmosphäre.

HOTEL

Hotel Mas de L'Oulivie €€€
Nobles Anwesen mit 27 Zimmern in einem reizenden Garten. Fabelhaftes Restaurant.

- Les Arcoules
  13520 Les Baux-de-Provence
  Tel. 04 90 54 35 78
  www.masdeloulivie.com

AIX-EN-PROVENCE 17 ★ R10

Die Stadt (143 000 Einw.) zieht dank ihrer hohen Lebensqualität viele Franzosen in diesen Teil der Provence. Ihre Schlagader bildet der 1649 angelegte **Cours Mirabeau,** eine von Schatten spendenden Platanen gesäumte Prachtstraße, an der sich Adelspaläste des 17. und 18. Jhs. und Straßencafés reihen.

Ganz in der Nähe liegt das für Kunstfreunde interessante **Caumont Centre d'Art** (3, rue J. Cabassol, Mai–Sept. tgl. 10–19, Okt.–April 10–18 Uhr, www.caumont-centredart.com, 6,50 €).

In der Altstadt zeugen vornehme Stadtpaläste, grandiose Kirchenfassaden und reich verzierte Portale in unterschiedlichen Baustilen von der wechselvollen Geschichte der Stadt. Der 1832 vollendete **Palais de Justice** ist dreimal wöchentlich die Kulisse für einen bunten Floh- und Trödelmarkt. Ganz in der Nähe birgt die **Église Ste-Marie-Madeleine** in ihrem Innern wertvolle Kirchenschätze.

Die Fassade des **Rathauses** und ein Turm mit astronomischer Uhr (beide aus dem 17 Jh.) beherrschen die **Place de la Mairie.** Ihre Südseite nimmt die **Halle aux Grains** ein, eine fast 250 Jahre alte Kornhalle. Gleich um die Ecke auf der **Place Richelme** findet jeden Morgen ein bunter Erzeugermarkt statt.

Als wahre Chronik aus Stein präsentiert sich die **Cathédrale St-Sauveur.** Zu ihren Schätzen gehören ein frühchristliches Baptisterium und Nicolas Froments Triptychon »Der brennende Dornbusch« aus dem 15. Jh. Das **Musée du Palais de l'Archevêché** zeigt vor allem Wandteppiche aus dem 17. und 18. Jh. (Mitte April–Mitte Okt. tgl. 10–12.30, 13.30–18, Mitte Okt.–Mitte April tgl. 10–12.30, 13.30–17 Uhr, 3,70 €).

Im noblen Viertel Mazarin zeigt das **Musée Granet** neben Werken anderer französischer Maler auch Bilder von Cézanne (Pl. St-Jean-de-Malte, Ende Juni–Mitte Okt. Di–So 10–19, sonst 12–18 Uhr, www.museegranet-aixenprovence.fr, 6 €).

Am **Cézanne-Rundweg** liegt auf dem Hügel Jas de Bouffan außer dem Wohnsitz und Atelier des Malers die **Fondation Vasarely** (1, ave. Marcel Pagnol, tgl. 10–18 Uhr, www.fondationvasarely.fr, 12 €).

INFO

Office de Tourisme

- 300, ave. Giuseppe Verdi
  13100 Aix-en-Provence
  Tel. 04 42 16 11 61
  www.aixenprovencetourism.com

HOTEL

La Bastide du Cours €€€

Charmantes Stadthotel im Zentrum; antikes Mobiliar verleiht den individuell gestalteten Zimmern Patina.

- 45–47, cours Mirabeau
  13100 Aix-en-Provence
  Tel. 04 42 26 10 06
  www.bastideducours.com

RESTAURANT

Les Caves Henry IV. by Le Formal €€€

Ausgezeichnete, kreative Küche im ansprechenden Ambiente eines Gewölbekellers, Tischreservierung unbedingt erforderlich.

- 32, rue Espariat
  13100 Aix-en-Provence
  Tel. 04 42 27 08 31
  www.restaurant-leformal.com

MARSEILLE 18 Q11

VIEUX PORT

Als europäische Kulturhauptstadt hat die 858 000 Einwohner zählende Metropole 2013 viel unternommen, um ihre Reputation als Hort von Kriminalität und Drogenhandel abzustreifen. Mittel zum Zweck waren visionäre Bauprojekte hauptsächlich um den **Vieux Port** A b2, wo griechische Seefahrer um 600 v. Chr. eine Handelsniederlassung gründeten. Neben dem morgendlichen Fischmarkt ist das **Ombrière** B b2 genannte, auf der Unterseite spiegelnde Schattendach über der Fußgängerzone ein beliebtes Fotomotiv. Durch einen Steg mit dem mittelalterlichen Fort Saint-Jean verbunden, beherbergt die gigantische, von einer Art filigranem Tarnnetz vor der Sonne geschützte Konstruktion des Stararchitekten Rudy Ricciotti das Museum **MuCem** C c1, das den Zivilisationen Europas und des Mittelmeerraums gewidmet ist (Mai, Juni Mi–Mo 11–19, Juli, Aug. 10–20, sonst 11–18 Uhr, www.mucem.org, 9,50 €). Das Kulturzentrum

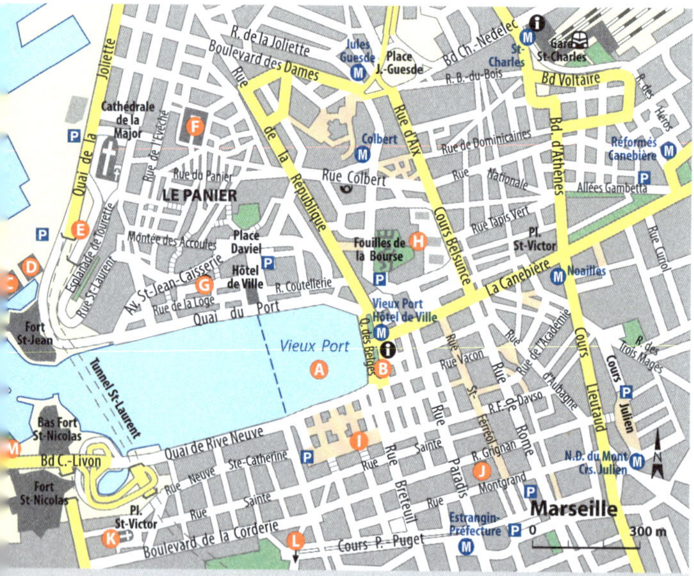

- A Vieux Port
- B Ombrière
- C MuCem
- D Villa Méditerranée
- E Musée Regards de Provence
- F Vieille Charité
- G Musée des Docks Romains
- H Musée d'Histoire
- I Cours d'Estienne-d'Orves
- J Musée Cantini
- K Abbaye St-Victor
- L Notre Dame de la Garde
- M Jardin du Pharo

Villa Méditerranée D c1 ragt wie ein riesiges Sprungbrett ins Meer. Moderne und zeitgenössische Kunst sowie wechselnde Ausstellungen zur Geschichte sind im **Musée Regards de Provence** E c1 zu sehen (Di–So 10–18 Uhr, www.museeregardsdeprovence.com, 4 €).

Am Alten Hafen legen Boote zum **Château d'If** auf den Îles du Frioul ab. Alexandre Dumas machte die Festung aus dem 16. Jh. zum Schauplatz seines Abenteuerromans »Der Graf von Monte Christo« (tgl. 8.30 bis 16.15 Uhr, ab Quai de Belge).

ALTSTADT

Nördlich des Hafens schmiegt sich das Altstadtviertel Le Panier an einen Hügel. Die **Vieille Charité** F b1 wurde im 17. und 18. Jh errichtet, um Nichtsesshafte unterzubringen. Eine der eindrucksvollsten Sammlungen der Mittelmeerarchäologie fand im **Musée d'Archéologie Méditerranéenne** Platz (2, rue de la Charité, Di–So 9.30–18 Uhr, www.musee-archeologie-mediterraneenne.marseille.fr, 6 €).

Reste eines römischen Handelslagers sind im **Musée des Docks Romains** G c2 zu sehen (Place Vivaux, Di–So 9.30–18 Uhr, www.musee-histoire-marseille-voie-historique.fr, 3 €).

CANEBIÈRE UND COURS BELSUNCE

An der Ostseite des Alten Hafens beginnt **La Canebière,** die 1666 angelegte einstige Prachtstraße von Marseille, deren Prunkbauten längst in die Jahre gekommen sind.

Auf dem **Cours Belsunce** dominieren afrikanische Läden. Das **Musée d'Histoire** H b2 beschäftigt sich mit der Stadt- und Hafengeschichtegeschichte seit vorchristlicher Zeit (2, rue Barbusse, Di–So 10–18 Uhr, www.musee-histoire-marseille-voie-historique.fr, 6 €).

SÜDLICH DES VIEUX PORT

Nette Bars und Restaurants machen den **Cours d'Estienne-d'Orves** I b3 populär. Im **Musée Cantini** J b3 wurden Werke namhafter Künstler des 20. Jhs., u. a. von Derain, Signac, Cézanne und Matisse, zusammengetragen (19, rue Grignan, Di–So 9.30–18 Uhr, www.musee-cantini.marseille.fr, 6 €).

Sportlichen Einsatz verlangt der Aufstieg zur **Abbaye St-Victor** K c3 auf der Südwestseite des Hafenbeckens. Ihr größter Schatz ist eine frühchristliche Krypta mit kostbaren Sarkophagen.

Steil geht es hinauf zur **Notre-Dame-de-la-Garde** L, dem Wahrzeichen der Stadt. Diese neobyzantinische Wallfahrtskirche birgt eine schöne Sammlung von Votivbildern. Zudem ist die Aussicht von hier oben grandios.

Müßiggänger zieht es in den **Jardin du Pharo** M d2 mit einem Palais für Kaiserin Eugénie, Picknickplätzen und berückendem Blick über den Alten Hafen.

INFO

Office de Tourisme

- 11, La Canebière | 13001 Marseille
  Tel. 08 26 50 05 00
  www.marseille-tourisme.com

Karte S. 96

VERKEHRSMITTEL

- **Flughafen:** Aéroport de Marseille (28 km nördlich der Stadt, Infos unter www.marseille.aeroport.fr).
- **Bahn:** Zentraler TGV-Bahnhof St-Charles (www.sncf.com/de).
- **Schiff:** Kreuzfahrtterminal, Fährverbindungen nach Korsika und Sardinien.
- **Stadtverkehr:** Die Métro Linie 1 verkehrt zwischen La Rose und La Timone; die Linie 2 verbindet Ste-Marguerite mit Bougainville. Zudem erschließen 3 Straßenbahnen und 90 Buslinien das Stadtgebiet (www.rtm.fr).

MÄRKTE MIT LOKALKOLORIT

- Sämtliche Aromen des Midi kann man auf dem **Markt in Beausoleil** bei Menton schnuppern > **S. 69.**
- Einem Fest für die Sinne kommt auch der farbenfrohe **Blumenmarkt auf der Place aux Aires in Grasse** gleich > **S. 77.**
- Eine große Auswahl an Antikem, Tand und Trödel bietet der **Antiquitätenmarkt in L'Isle-sur-la-Sorgue** (So Vormittag) > **S. 85.**
- Ein stimmungsvoller **Erzeugermarkt** vor historischer Kulisse findet täglich in der **Altstadt von Aix-en-Provence** statt > **S. 95.**
- Auf dem **Fischmarkt am Vieux Port in Marseille** bieten Marktfrauen lautstark Fangfrisches aus dem Meer feil > **S. 96.**
- In Lalbenque bei **Cahors** werden auf dem **Trüffelmarkt** die begehrten Edelpilze verkauft (Dez.–März Di ab 14 Uhr) > **S. 143.**

HOTELS

Hôtel Alizé €€

39 einfache Zimmer, am schönsten sind jene mit Blick auf den alten Hafen.

- 35, quai des Belges | 13001 Marseille
  Tel. 04 91 33 66 97
  www.alize-hotel.com

St-Ferréol €€

Klein, hübsch und zentral an einer ruhigen Fußgängerzone gelegen.

- 19, rue Pisançon | 13001 Marseille
  Tel. 04 91 33 12 21
  www.hotel-stferreol.com

RESTAURANTS

Pierrot Coquillages €€–€€€

Spezialisiert auf Meeresfrüchte, die man sich hier nach persönlichem Geschmack zu Platten zusammenstellen lassen kann.

- 355, ave. du Prado | Tel. 04 91 71 97 65
  www.pierrotcoquillages.com

Les Arcenaulx €–€€

Zwischen Bücherregalen speist man in dieser lokalen Institution extravagante Hummerspieße oder deftige Schweinsfüße.

- 25, cours d'Estienne d'Orves
  13001 Marseille | Tel. 04 91 59 80 30
  www.les-arcenaulx.com

ARLES 19 P10

Arles (53 000 Einw.) ist die Stadt der Römer, der bunten Märkte und Stierkämpfe. Alljährlich am Palmsonntag ist das imposante römische Bauwerk aus dem 1. Jh., **Les Arènes,** Schauplatz der Courses Camarguaises, einer Feria mit provenzalischen Stierkämpfen, bei denen die Tiere nicht getötet werden (Termine unter www.arenes-arles.com).

Aus der Römerzeit stammt auch das **Théâtre Antique.** Wahrscheinlich wurde das Halbrund mit Platz für über 10 000 Zuschauer unter Kaiser Augustus erbaut. Wie die Arena diente es im Mittelalter als Bastion (Mai–Sept. tgl. 9–19, Okt., April 9–18, Nov.–März 10–17 Uhr).

Mit den **Alyscamps** hat die Stadt vor ihren Toren eine bedeutende Nekropole, eine von Sarkophagen flankierte Allee. Schon Kelten und Griechen sollen hier ihre Toten begraben haben (geöffnet wie antikes Theater). Die eindrucksvolle Totenstadt mit der Kirche **St-Honorat** hat Vincent van Gogh auf einem Gemälde verewigt. Der Maler lebte ab 1888 ein gutes Jahr in Arles.

Nach ihm ist die **Fondation Vincent Van Gogh** benannt, die dem Einfluss des niederländischen Genies auf die zeitgenössische Kunst nachspürt und dabei auch Originalwerke Van Goghs ausstellt (35, rue Dr. Fanton, Mai–Sept.tgl. 11–18 Uhr, sonst nur Di–So, www.fondation-vincentvangogh-arles.org, 9 €).

Im hochmodernen **Musée départemental Arles antique** sind Exponate von der Frühgeschichte bis zum Ende der Antike im 6. Jh. zu sehen (Presqu'île du Cirque Romain, Mi–Mo 10–18 Uhr, www.arles-antique.cg13.fr, 8 €).

Zu den bedeutendsten Werken der provenzalischen Spätromanik zählt der Skulpturenschmuck am Portal der Kirche **St-Trophîme.** Im Kreuzgang des Klosters sind Szenen aus dem Leben des Hl. Trophîme dargestellt, manchmal finden hier auch Ausstellungen statt (Place de la République, Mo, Fr, Sa 8–12, 14–18, Di–Do 8–12, 14–17, So 14–17 Uhr).

Bereits 1896 gründete Literatur-Nobelpreisträger Frédéric Mistral das **Museon Arlaten,** das sich der provenzalischen Volkskunde widmet (wegen Renovierung bis 2019 geschl., www.museonarlaten.fr).

INFO

Office de Tourisme

- Boulevard des Lices | 13200 Arles
  Tel. 04 90 18 41 20
  www.arlestourisme.com

HOTEL

Hôtel Mireille €€

Fürstlich ausgestattetes, ruhiges Hotel mit Zimmern im provenzalischen Stil.

- 2, pl. St-Pierre | 13200 Arles
  Tel. 04 90 93 70 74
  www.hotel-mireille.com

RESTAURANT

La Gueule du Loup €€

Typisch provenzalische Köstlichkeiten wie Rinderfilet mit Anchovissoße.

- 39, rue des Arènes | 13200 Arles
  Tel. 04 90 96 96 69
  www.restaurant-lagueuleduloup.fr

NÎMES 20 ★ 09

Am Weg durch das Rhône-Tal in die Cevennen liegt diese alte und doch sehr lebendige Römerstadt (151 000 Einw). Das Amphitheater **Les Arènes** ist kleiner als das von Arles, aber besser erhalten (Juli, Aug. tgl. 9–20, sonst mind. 9.30–17 Uhr, www.arenes-nimes.com, 10 €). Im Mai und Sept. finden dort Stierkämpfe, ansonsten Konzerte statt.

Vor dem Amphitheater von Nîmes ehrt eine Statue den Matador Nimeño II

Nicht weit entfernt lockt das moderne Kunstzentrum **Carré d'Art,** das Sir Norman Foster entworfen hat (Di–So 10–18 Uhr, www.carreartmusee.com, 5 €). Die **Maison Carrée** ist ein gut erhaltener römischer Tempel mit korinthischen Säulen, erbaut für den Enkel des Kaisers Augustus (Juli, Aug. tgl. 9.30–20, sonst mind. 10–16.30 Uhr, 6 €). Dahinter führen Gässchen in die lebhafte **Altstadt** um die Place du Marché mit dem Krokodilbrunnen. Von der **Tour Magne,** Teil der alten Stadtbefestigung, hat man einen schönen Blick auf Stadt und Umgebung (Juli, Aug. tgl. 9–20, sonst mind. 9.30–16.30 Uhr, 3,50 €).

HOTEL

Hôtel Marquis de la Baume €€–€€€
Stadthaus aus dem 17. Jh. im Zentrum von Nîmes mit romantischem Innenhof und wunderschönen Treppenaufgängen.
• 21, rue Nationale | 30000 Nîmes
Tel. 04 66 76 28 42 | www.bestwestern.fr

AUSFLUG ZUM PONT DU GARD 8

Der zum UNESCO-Welterbe zählende Aquädukt gilt als eines der besterhaltenen römischen Bauwerke Europas. Er versorgte Nîmes mit Wasser aus der Eure-Quelle bei Uzès. Kühn überspannen die dreigeschossigen Arkaden den Gardon. Ringsum erstreckt sich eine attraktive Museumsanlage mit Garrigue-Garten, Restaurants und Shops (Mai tgl. 9–21, Juni, Sept. 9–21, Juli, Aug. 9–23, April, Okt. 9–20, Jan.–März, Nov., Dez. 9–18 Uhr, www.pontdugard.fr, 9,50 €). › mehr S. 12 Punkt 8

ST-GILLES 21 010

Der Ort (13 500 Einw.) liegt im Zentrum des **Parc National de Camargue.** Seine Bewohner leben v. a. von der Landwirtschaft, die durch das Vordringen des Meeres immer mehr Nutzfläche verliert. Die Klosteranlage aus dem 11. Jh. über dem Grab des hl. Gilles war im Mittelalter ein wichtiger Wallfahrtsort. Das **Westportal** gilt als Meisterleistung romanischer Bildhauerkunst.

LES STES-MARIES-DE-LA MER 22 010

Mönche siedelten schon früh um die Kapelle Sancta Maria de Ratis. Heute reckt sich an dieser Stelle die Wallfahrtskirche **Notre-Dame de la Mer** einer Festung nicht unähnlich in den Himmel. Die Kirche (12. Jh.) ist alljährlich am 24. Mai Treffpunkt der Sinti und Roma, deren Verehrung der Schwarzen Madonna Sara gilt, ihrer Schutzpatronin.

Das einstige Fischerdorf liegt inmitten von Salzwiesen, Stierweiden, Pferdekoppeln und Teichen, in denen Flamingos fischen. Zahlreiche Reitställe bieten erlebnisreiche Ausflüge im Sattel an, bei denen man die Landschaft hautnah erlebt.

AIGUES-MORTES 23 010

Eindrucksvolle Stadtmauern mit Türmen und Schießscharten sorgen für eine mittelalterliche Bilderbuchkulisse. Bei ihrer Gründung im 13. Jh. lag die Festungsstadt Aigues-Mortes (8500 Einw.) noch an der Küste. Louis IX., der Heilige, gab den Befehl zum Bau eines Hafens. Im Schutz der Sümpfe ankerte seine Kreuzritterflotte, bevor sie auf große Fahrt Richtung Heiliges Land in See stach. In der 1242–1254 erbauten **Tour de Constance** hielt man nach Aufhebung des Edikts von Nantes 1598 Protestanten gefangen.

DIE CAMARGUE 9

Zwischen den Mündungsarmen der Rhône erstreckt sich mit der Camargue eines der größten Feuchtgebiete Europas. Das flache Sumpfland mit seinen Salzwasserlagunen beheimatet eine reiche Flora und Fauna, eine Touristenattraktion sind vor allem die großen Flamingokolonien. Teile des Gebietes werden traditionell für Reisanbau und Viehzucht genutzt. Auf den Weiden grasen für die Arenen der Provence bestimmte schwarze Stiere und weiße Pferde. Les-Stes-Maries-de-la-Mer ist der einzige größere Ort. > **mehr S. 12 Punkt 2**

Das in Jahrhunderten gewachsene Zusammenspiel von Natur und Viehwirtschaft ist jedoch aus dem Gleichgewicht geraten. Die Umwandlung des Brach- und Weidelandes in Agrarflächen lässt immer weniger Platz für die Aufzucht der Pferde und Stiere. Daher wurde im **Naturpark Camargue** die Kernzone der einzigartigen Landschaft rund um den Etang de Vaccarès unter Schutz gestellt. In einem ehemaligen Stall informiert das **Musée de la Camargue** über die Geschichte der Kulturlandschaft, hier beginnt auch ein Lehrpfad (Mas du Pont de Rousty, an der D 570 nach Arles, April–Sept. tgl. 9–12.30, 13–18, Okt.–März 10–12.30, 13–17 Uhr, www.museedelacamargue.com, 5 €).

LANGUEDOC UND CEVENNEN

Die häufig als Filmkulisse dienende Festungsstadt Carcassonne war im Mittelalter eine Hochburg der Katharer

Am Golf von Lion wechseln sich moderne Ferienkolonien mit alten Fischerdörfern ab. Das Kontrastprogramm im Hinterland bilden Städte wie das mittelalterliche Carcassonne oder die ungezähmte Berglandschaft der Cevennen.

Kilometerlange Strände mit feinem Sand um den wunderbaren Golf du Lion, ein Hinterland, das sich an den Ausläufern des Zentralmassivs hinaufzieht und im Süden die Pyrenäen erahnen lässt: Das Languedoc ist ein reizvoller, von der Sonne verwöhnter Landstrich mit mittelalterlich geprägten Städten und malerischen Ortschaften, über die der Duft der Garrigue weht. Die allgegenwärtigen grünen Rebteppiche verraten, dass dieser Teil Frankreichs zu den größten Weinanbaugebieten gehört. Als eine der ältesten Kulturlandschaften Frankreichs gibt sich die Region etwa in Narbonne und Montpellier, in Toulouse und Carcassonne zu erkennen.

Im nördlichen Teil bilden die rauen Cevennen die Südausläufer des Zentralmassivs. Sie waren eine Bastion der Protestanten, die sich im 18. Jh. in der Region einen blutigen Guerillakrieg mit den Truppen des katholischen Königs Louis XIV. lieferten. Eine Zeit des Wohlstands brachte die frühe Einführung der Seidenraupenzucht. Heute setzt man vor allem auf den Tourismus, der von der Einsamkeit karger, windgepeitschter Hochplateaus und von der wilden Romantik abgelegener Schluchten profitiert.

TOUREN IN DER REGION

TOUR 9

STRÄNDE UND STOLZE STÄDTE

ROUTE: Montpellier > Sète > Cap d'Agde > Béziers > Narbonne > Abbaye de Fontfroide > Carcassonne

KARTE: Seite 105
DISTANZEN: ca. 320 km; 2–3 Tage

PRAKTISCHE HINWEISE:

- Wer das Auto stehen lassen möchte, kann mit TER-Zügen von Montpellier über Agde und Narbonne bis nach Carcassonne fahren (Infos unter www.sncf.com/fr/trains/ter).

TOUR-START:

Montpellier 1 > S. 107, Verwaltungssitz der Region Languedoc-Roussillon, liegt nur eine kurze Wegstrecke von der Mittelmeerküste entfernt, an der sich bekannte Badeorte wie

Karte S. 105

La Grande Motte 6 › S. 111 und **Palavas-les-Flots** 7 › S. 111 aneinanderreihen. Die Häuser von **Sète** 8 › S. 111 scharen sich um einen bedeutenden Fischereihafen, das jüngere **Cap d'Agde** 9 › S. 111 ist eine touristische Hochburg mit schwarzen Vulkanstränden. Im unaufgeregten **Béziers** 10 › S. 112 lohnt ein Bummel durch die stimmungsvollen Altstadtgassen. Über Badeorte wie **Narbonne-Plage** und **Gruissan-Plage** kommt man nach **Narbonne** 11 › S. 112, in dessen Zentrum sakrale Baudenkmäler ebenso an längst vergangene, große Zeiten erinnern wie die außerhalb gelegene **Abbaye de Fontfroide** 12 › S. 112. Einen weiteren Höhepunkt markiert die mittelalterliche Festung **Carcassonne** 13 › S. 113 mit Zugbrücke, wehrhaften Mauern und Wachtürmen, engen Gassen und einem sommerlichen Besucherandrang, der an historische Belagerungszustände denken lässt.

TOUR 10

DURCH TÄLER UND SCHLUCHTEN

ROUTE: Montpellier › Ganges › Anduze › St-Jean-du-Gard › Florac › Ste-Enimie › Le Rozier › Gorges du Tarn › Millau › Montpellier

KARTE: Seite 105
DISTANZEN: ca. 380 km; 3–4 Tage

PRAKTISCHE HINWEISE:

- Die Ziele dieser Tour erreicht man am besten per Pkw.
- Ein kostenloser Aussichtspunkt auf den Viadukt von Millau liegt abseits der nördlichen Ausfallstraße N 9. Direkt am Nordende des Viaduktes liegt ein zweiter Aussichtspunkt, der aber nur auf der mautpflichtigen Autobahn Richtung Süden erreichbar ist.

TOUR-START:

Im Norden von **Montpellier** 1 › S. 107 kann man kurz vor der Ortschaft **Ganges** dem imposanten Höhlensystem **Grotte des Demoiselles** einen Besuch abstatten, das ungewöhnlich reich an Tropfsteingebilden ist (Besichtigung im Rahmen von Führungen, Termine unter www.demoiselles.com). Über Ganges, die einstige Hugenottenhochburg **Anduze** 2 › S. 109 und den Ort **St-Jean-du-Gard** 3 › S. 109 mit seiner berühmten sechsbogigen Brücke erreicht man mit **Florac** › S. 110 ein Etappenziel, das sich als Ausgangspunkt für Cevennentouren und eine Fahrt über **Ste-Enimie** durch die beeindruckenden **Gorges du Tarn** 4 › S. 110 eignet. In Anbetracht der landschaftlichen Reize und der kurvigen Straße sollte man sich Zeit lassen, um über **Le Rozier** das Städtchen **Millau** 5 › S. 110 zu erreichen, das seit der Fertigstellung des beeindruckenden **Viaduktes** einen ungeahnten Touristenboom erlebt. Über Lodève kehrt man nach **Montpellier** zurück.

TOUR 11

ESELWANDERN IN DEN CEVENNEN

ROUTE: Chasseradès > Le Bonnetés > Mont Lozère > Pont-de-Montvert > Mijavols > Florac > La Borie

KARTE: Seite 105
DISTANZEN: ca. 85 km. Chasseradès > Le Bonnetés 18 km; Le Bonnetés > Mont Lozère 11 km; Mont Lozère > Pont Montvert 18 km; Pont-de-Montvert > Mijavols 15 km; Mijavols > La Borie 23 km.

PRAKTISCHE HINWEISE:

- Am besten lässt man die 8-tägige Teilstrecke samt Gepäckesel, Verpflegung und Übernachtung von einem spezialisierten Reiseveranstalter organisieren. Die Cevennen im Programm haben z. B. die Unternehmen **Lupe Reisen** (www.lupereisen.com) oder **Urlaub & Natur** (www.urlaubundnatur.de).

TOUREN IM LANGUEDOC UND IN DEN CEVENNEN

TOUR 9

STRÄNDE & STOLZE STÄDTE

Montpellier > La Grande Motte > Sète > Cap d'Agde > Béziers > Narbonne > Abbaye de Fontfroide > Carcassonne

TOUR 10

DURCH TÄLER UND SCHLUCHTEN

Montpellier > Ganges > Anduze > St-Jean-du-Gard > Florac > Ste-Enimie > Le Rozier > Gorges du Tarn > Millau > Montpellier

TOUR 11

ESELWANDERN IN DEN CEVENNEN

Chasseradès > Le Bonnetés > Mont Lozère > Pont-de-Montvert > Mijavols > Florac > La Borie

Karte S. 105

Entdeckung der Langsamkeit – Wandern im Eselstempo

TOUR-START:

Als der »Schatzinsel«-Autor Robert Louis Stevenson in den 1870er-Jahren in Begleitung der Eseldame Modestine die Cevennen durchquerte, konnte er nicht ahnen, dass er mit seinem 1879 veröffentlichten Werk »Eine Reise mit dem Esel durch die Cevennen« einen Wanderklassiker schaffen würde. Heute folgen Touristen seinen Spuren auf dem insgesamt 252 km langen Robert-Louis-Stevenson-Weg (GR 70) zwischen **Le Puy-en-Velay** › S. 90 und **St-Jean-du-Gard** 3 › S. 109. Die hier vorgestellte Tour stellt ein besonders attraktives Teilstück dar.

Auf der ersten Tagesetappe nach dem Start in **Chasseradès** kommt das mitten im Cevennen-Nationalpark gelegene Granitplateau um den 1702 m hohen **Mont Lozère** in Sicht, das auf der zweiten Tagesetappe erklommen wird. Nächster Aussichtspunkt ist der fast ebenso hohe **Mont Finiels,** auf dem nur Gras und Wildblumen gedeihen und der Blick bis in die Alpen reicht. Schon Stevenson notierte den Reiz des Ortes **Pont-de-Montvert** am Oberlauf des Tarn, in der die Steinhäuser um die hübsche Flussbrücke wie kleine Festungen wirken. Über **Mijavols** geht es nach **Florac** › S. 110, dessen Schloss eine Infozentrale des Cevennen-Nationalparks beherbergt (Tel. 04 66 49 53 00, www.cevennes-parcnational.fr). Die Tour endet im Weiler **La Borie.**

VERKEHRSMITTEL

Die wichtigen Städte Montpellier und Toulouse besitzen eine gute Anbindung an das Streckennetz der französischen Bahn (www.sncf.com/de). In den abgelegenen Cevennen ist man entweder auf öffentliche Busse oder zumeist sogar auf ein eigenes Fahrzeug angewiesen.

WICHTIGE ADRESSEN

- www.tourisme-occitanie.com: Deutsche Internetseite des Comité Régional du Tourisme der Region Occitanie (früher Languedoc-Roussillon).
- www.cevennen.fr: Deutschsprachige Internetseite über den Cevennen-Nationalpark, die Départements Ardèche, Lozère und Gard sowie über Geschichte, Natur und Besonderheiten der Region wie den Stevenson-Trail.
- **Maison du Parc:** Informationszentrum des Cevennen-Nationalparks, Château de Florac, 6b, pl. du Palais, 48400 Florac, Tel. 04 66 49 53 00, www.cevennes-parcnational.fr

UNTERWEGS IN DER REGION

MONTPELLIER 1 ★ N10

Die traditionsreiche Universitätsstadt Montpellier (275 000 Einw.) ist Boomtown, nicht nur wegen ihrer aktiven Wirtschaftspolitik, die viele Forschungseinrichtungen und Hightechunternehmen anzieht. Auch die hohe Lebensqualität sorgt alljährlich für eine große Zahl von Neuzuzüglern.

ALTSTADT

Das Herz der Stadt schlägt an der **Place de la Comédie** Ⓐ mit ihren Cafés und der fotogenen Fontaine des Trois Grâces. Sie bietet sich als Ausgangspunkt für einen Bummel durch die Altstadt an, deren Gassen von Herrenhäusern des 17. und 18. Jhs. gesäumt werden. Einige dieser Hôtels bergen schöne Innenhöfe mit repräsentativen Treppenaufgängen wie z. B. der **Palais Jacques-Cœur** Ⓑ in der gleichnamigen Straße. In einem Ambiente aus Alt und Ultramodern präsentiert sich das **Musée Fabre** Ⓒ, das zu den bedeutendsten Kunstmuseen Frankreichs gehört (39, bd. Bonne Nouvelle, Di–So 10–18 Uhr, www.museefabre.montpellier3m.fr, 8 €).

Gegenüber dem **Jardin des Plantes,** dem ältesten botanischen Garten Frankreichs, erhebt sich das **Collège-de-St-Benoît** Ⓓ (14. Jh.), wo heute Medizinstudenten büffeln. Ein Flügel beherbergt das **Musée Atger** Ⓔ, das neben Gemälden (u. a. von Fragonard) auch mittelalterliche Manuskripte zeigt (Mo, Mi, Fr 13.30–17.45 Uhr, Eintritt frei). Die Kapelle des Kollegs wurde 1563 zur **Cathédrale St-Pierre** Ⓕ erhoben. An dem im 17. und 19. Jh. stark veränderten Sakralbau fällt der von zwei Backsteinsäulen getragene, wuchtige Vorbau ins Auge.

PROMENADE DU PEYROU

An der Nahtstelle zwischen der Altstadt und der im 18. Jh. angelegten Promenade du Peyrou steht der **Arc de Triomphe** Ⓖ, erbaut zu Ehren von Louis XIV. Eine Reiterstatue des Sonnenkönigs thront in der Mitte des Platzes. Weiter westlich bildet das **Château d'Eau,** ein barocker Wasserspeicher, den Endpunkt eines imposanten zweigeschossigen

Aquädukts. Von seiner Höhe genießt man bei klarer Sicht einen herrlichen Weitblick bis hin zum Massif Central.

MODERNES MONTPELLIER

Östlich des Zentrums liegt das 1982 entstandene Viertel **Antigone** H, für das der katalanische Avantgardearchitekt Ricardo Bofill Anleihen bei der Antike nahm. Hinter seinen imposanten klassizistischen Fassaden mit Gesimsen, Giebeln, Pilastern und Säulen verbergen sich Büros und Sozialwohnungen.

Das **Odysseum** I ist ein modernes Geschäfts- und Vergnügungsviertel mit Multiplexkino, Planeta-

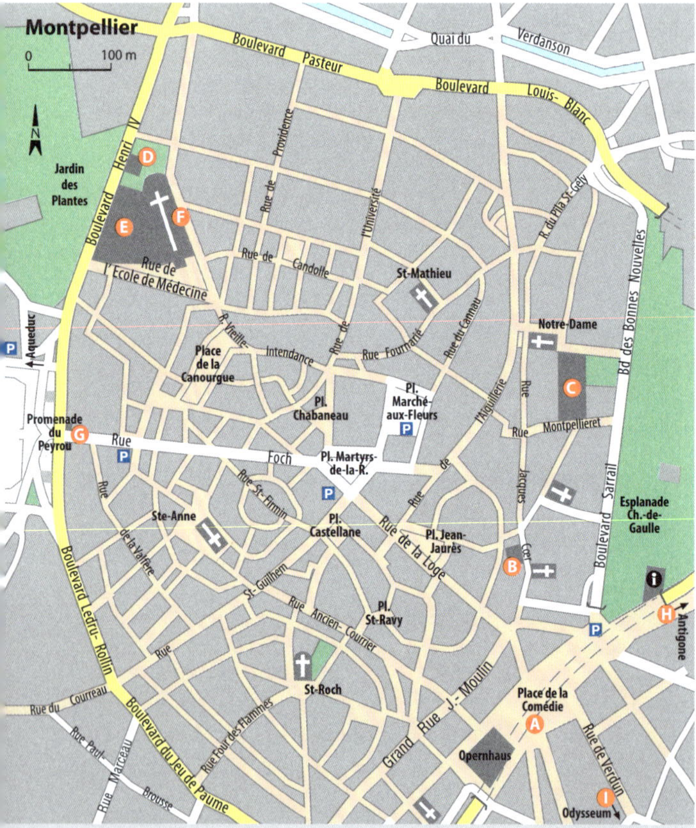

A Place de la Comédie
B Palais Jacques-Cœur
C Musée Fabre
D Collège-de-St-Benoît
E Musée Atger
F Cathédrale St-Pierre
G Arc de Triomphe
H Antigone
I Odysseum

rium und Aquarium (Planet Ocean), Sportstätten, Shops, Kneipen und Restaurants (Mo–Sa 10–20, Planet Ocean April–Aug. tgl. 10–18 Uhr, sonst nur Mi–So, www.odysseum.klepierre.fr).

INFO

Office de Tourisme de Montpellier

- 30, allée Jean de Lattre de Tassigny
  34000 Montpellier
  Tel. 04 67 60 60 60
  www.montpellier-tourisme.fr

VERKEHRSMITTEL

- **Flughafen:** Aéroport Montpellier (in Mauguio-Carnon, Ausfahrt 29 von der Autoroute A9, Infos unter www.montpellier.aeroport.fr).
- **Bahn:** TGV-Bahnhof St-Roch (Place Auguste Gibert).
- **Bus:** Zentraler Busbahnhof (20, rue du Grand St-Jean).

HOTEL

Royal Hotel €–€€

Älteres 3-Sterne-Hotel in zentraler, aber ruhiger Lage; 46 hell und freundlich eingerichtete Zimmer mit Dusche oder Bad.

- 8, rue de Maguelone | 34000 Montpellier
  Tel. 04 67 92 13 36
  www.royalhotelmontpellier.com

RESTAURANT

L'Artichaut €€–€€€

Sébastien Perrier hat mit seiner Frau Laura ein kleines Schmuckstück in der Altstadt geschaffen. Köstliche Neo-Bistro-Küche mit marktfrischen Zutaten aus der Region, unkompliziertes Ambiente.

- 15b, rue St. Firmin | 34000 Montpellier
  Tel. 04 67 67 91 86
  www.artichaut-restaurant.com

ANDUZE 2 N8

Schon für das 13. Jh. ist die Seidenraupenzucht vor Ort nachweisbar. Eine Mitte des 18. Jhs. ausgebrochene Seuche unter den Insekten und der nach dem Bau des Suezkanals billig gewordene Seidenimport setzten dem Gewerbe jedoch ein Ende. Einen Besuch lohnt die 40 ha große **Bambouseraie de Prafrance** mit einem Bambuswald, aus dem die Pandas im Berliner Zoo mit ihrer Lieblingsnahrung versorgt werden (5 km außerhalb von Générargues, April–Sept. tgl. 9.30–19/20 Uhr, sonst 10–17/18 Uhr, www.bambouseraie.com, 13,50 €).

Der Gardon-Fluss bildet auf der Höhe des Camping de l'Arche ein reizvolles Badeparadies.

ST-JEAN-DU-GARD 3 N8

Das nur 2800 Einwohner zählende Städtchen liegt am Südrand der Cevennen und eignet sich bestens als Ausgangspunkt für motorisierte Ausflüge oder Wanderungen in die reizvolle Umgebung.

Zwischen Anduze und St-Jean-du-Gard verkehrt der Touristenzug **Train à Vapeur des Cévennes** mit Dampf- bzw. Dieselloks auf Normalspurstrecke (April–Okt., Fahrplan unter www.trainavapeur.com).

SHOPPING

Jeden Di vormittag findet in St-Jean-du-Gard einer der größten **Wochenmärkte** im Département statt.

GORGES DU TARN 4 M8

Nahe **Florac**, Ausgangspunkt für Kanutouren und andere Outdooraktivitäten, nimmt die eindrucksvolle Schluchtenlandschaft der **Gorges du Tarn** ihren Anfang. > mehr S. 12 Punkt 7 Bis zu 400 m ragen die steilen Felswände über dem Bett des Flusses Tarn auf.

Entlang der gewundenen Autostraße geben Aussichtspunkte immer wieder Gelegenheit zu Fotostopps. Die fotogensten Dörfer auf der Fahrt von Florac nach Le Rozier bzw. weiter bis nach Millau sind **Ste-Enimie** und **St-Chély-du-Tarn**, wo sich eine alte Steinbrücke über den Fluss spannt.

HOTEL

Hôtel des Gorges du Tarn €€
Familiäres Haus der Logis-Kette, über die Region hinaus bekannt für sein Gourmetrestaurant **L'Adonis.**

- 48, rue du Pêcher | 48400 Florac
  Tel. 04 66 45 00 63
  www.hotel-gorgesdutarn.com

MILLAU 5 L8

Die ehemalige Gerberstadt liegt am Zusammenfluss von Tarn und Dourbie in einem grünen Tal und ist ein guter Ausgangspunkt für sportliche Aktivitäten auf den Flüssen oder im Bergland. Viele Schaulustige zieht der **Viaduc du Millau** an, von Sir Norman Foster als Teilstück der A 75

Bei einer Bootstour erlebt man die wildromantische Tarn-Schlucht hautnah

von Paris zum Mittelmeer entworfen. Die kühne Stahlkonstruktion ist mit 270 m über der Talsohle die höchste Autobahnbrücke der Welt.

LA GRANDE MOTTE 6 N10

Stolze 6 km lang ist der Strand des in den 1960er-Jahren aus dem Boden gestampften Orts. Hierher wollte man die Richtung Spanien fahrenden Badetouristen locken. Bekanntheit erlangte La Grande Motte v. a. durch die pyramidenförmige Architektur der Hotels und Apartmenthäuser von Jean Balladur.

PALAVAS-LES-FLOTS 7 N10

Der Ortskern des einstigen Fischerdorfs wird von neuen Ferienhäusern und Apartmentanlagen beinahe erdrückt. Fast vollständig vom Étang du Prévost umgeben, wirkt die im 12. Jh. umgestaltete **Wehrkirche von Maguelone** mit 2,50 m dicken Mauern und hoch gelegenen Fenstern wie eine Festung.

SÈTE 8 N11

Dass Sète (43 400 Einw.) größter Fischereihafen an diesem Küstenabschnitt ist, verraten nicht nur die im Hafenbecken dümpelnden Boote, sondern auch die Auslagen der Restaurants, in denen sich Meeresfrüchte türmen. Am Boulevard Camille Blanc widmet sich der **Espace Georges Brassens** dem 1921 hier geborenen Chansonnier (Di–So 9–12, 14–18 Uhr, www.espace-brassens.fr, 5,80 €). Auf dem Friedhof am Abhang des Mont St-Clair liegt der **Seemannsfriedhof** mit dem Grab des Lyrikers Paul Valéry. Das nahe **Museé Paul Valéry** würdigt sein Leben und Werk (April–Okt. tgl. 9.30–19, sonst 10–18 Uhr, www.museepaulvalery-sete.fr, 6,10 €).

HOTEL

Hôtel Imperial €€

Modernes Haus mit Restaurant und schöner Rooftop-Bar, ca. 300 m vom Strand.

- 84, pl. Edouard Herriot
  34200 Sète | Tel. 04 67 53 28 32
  www.hotel-imperial-sete.com

RESTAURANT

Paris Méditerranée €€

Kleines Lokal mit französischer Küche zu vernünftigen Preisen.

47, rue Pierre Semard | 34200 Sète
Tel. 04 67 74 97 73

CAP D'AGDE 9 M11

Cap d'Agde gehört zu den Retortenstädten an der Küste des Languedoc. Geworben wird v. a. mit etlichen FKK-Anlagen. Um den Hafen mit Restaurants, Imbissen und Eisdielen findet im Hochsommer ein bunter Touristenzirkus statt. Unweit der Plage de la Conque befindet sich ein **Aquarium** (www.aquarium-agde.com). Ursprünglich geblieben ist der Ort **Agde.** Sind die Sommergäste abgereist, wird es still um die Kathedrale **St-Etienne**, eine ab dem 12. Jh. erbaute Wehrkirche.

BÉZIERS 10 M11

Eine Plakette an der **Cathédrale St-Nazaire** erinnert an das blutige Drama, als das königlich-päpstliche Heer die Stadt während der Albigenserkriege niederbrannte und die romanische Kirche geschleift wurde. An Ort und Stelle erhebt sich heute der gotische Nachfolgebau mit sehenswertem spätgotischem Sterngewölbe über der Sakristei. Im **Musée du Biterrois** in Kasernen aus dem 17. Jh. wird die Stadtgeschichte von der Antike bis heute dokumentiert (Rampe du 96ème Régiment d'Infantérie, Juni–Sept. Di–Sa und 1. So im Monat 12–17, sonst 10–12, 14–17 Uhr, 3 €).

Am Canal du Midi ist ein technisches Meisterwerk zu bestaunen: Pierre-Paul Riquet › Seitenblick S. 113 konstruierte hier mit den **Écluses de Fonseranes** eine aus neun Kammern bestehende Schleusentreppe, in der Schiffe einen Höhenunterschied von fast 14 m bewältigen.

NARBONNE 11 L11

Weinbau, Fischerei, ein fruchtbares Hinterland und nicht zuletzt die verkehrsgünstige Lage ließen den Handel in der Stadt (53 000 Einw.) von jeher blühen.

Von der gotischen **Cathédrale St-Just**, 1272 nach Plänen von Jean Deschamps begonnen, wurde nur der Chor fertiggestellt. Als einer der höchsten des Landes birgt er u. a. meisterhaft restaurierte Glasfenster (14.–16. Jh.). Im angebauten **Palais des Archevêques**, dem ehemaligen Palast des Erzbischofs, versammelt das Musée Archéologique Funde aus Narbonnes Römerzeit (Mi–Mo 10–12, 14–17 Uhr, 6 €).

Am Canal du Midi entlang kommt man beim Pont de la Liberté zur **Markthalle** (tgl. 7–13 Uhr), in der Händler und *traiteurs* regionale Gaumenfreuden anbieten.

HOTEL

Hôtel du Midi €

Freundliches, relativ preiswertes Hotel in der Altstadt mit 45 klimatisierten Zimmern und gutem Restaurant.

- 4, ave. de Toulouse | 11100 Narbonne
  Tel. 04 68 41 04 62 | www.hoteldumidi.net

RESTAURANT

Brasserie Le Capitole €€

Lokal mit Jugendstildekor und guter regionaler Küche.

- 33–35, ave. Pierre Semard
  11100 Narbonne | Tel. 04 68 32 27 35

ABBAYE DE FONTFROIDE 12 L12

Die südwestlich von Narbonne versteckt in einem ruhigen Tal gelegene Abtei wurde 1093 gegründet und gut 50 Jahre später von Zisterziensern übernommen, die gegen die Katharerbewegung kämpften. Das Kloster hatte unter den Zerstörungen der Revolution kaum zu leiden und gilt als eines der besterhaltenen des Midi. Kreuzgang und Kapitelsaal sind Juwele romanischer Baukunst (Führungen April–Sept. 10–18, Juli, Aug. 9.30–19 Uhr, sonst kürzer, www.fontfroide.com, 13,50 €).

CARCASSONNE 13 K11

Auf einer Anhöhe liegend, wirkt die von einem doppelten Mauerring und über 50 Wehrtürmen umgebene **Cité** 10, die mittelalterliche Oberstadt von Carcassonne, wie eine beeindruckende Theaterkulisse. Während der Albigenserkreuzzüge bot die im 12. Jh. errichtete Gemeinde vielen Katharern Zuflucht. Im 13. und 14. Jh. ausgebaut, verfiel die Anlage seit dem 17. Jh. zusehends, bis der Kunsttheoretiker Viollet-le-Duc im 19. Jh. für eine umfassende Restaurierung sorgte und so einer touristischen Topattraktion den Boden bereitete. Heute sind die engen Gassen und kleinen Plätze voller Geschäfte, Souvenirläden, Cafés und Restaurants, die sich um die **Basilique St-Nazaire** und das **Château Comtal** scharen. In der Fluchtburg zeigt heute das **Musée Lapidaire** Funde aus galloromischer Zeit und mittelalterliche Steinmetzarbeiten. Ein Gang über die Stadtmauer verschafft interessante Ausblicke auf den mittelalterlichen Ortskern (April–Sept. tgl. 10–18.30, Okt.–März 9.30–17 Uhr, 9 €).

HOTEL

La Bastide Saint-Martin €–€€

Herrliches Haus vor den Toren der Stadt mit einem großen Park, Pool und sehr geschmackvollen Zimmern.

- Ave. de Saint-Martin
  11000 Carcassonne | Tel. 04 68 47 44 41
  www.hotelbastidedesaintmartin.com

RESTAURANT

Auberge de Dame Carcas €€

In der Cité gelegen; Spezialitäten sind regionale Gerichte wie Cassoulet.

- 3, pl. du Château | 11000 Carcassonne
  Tel. 04 68 71 23 23
  www.damecarcas.com

GENIESTREICH EINES INGENIEURS – DER CANAL DU MIDI

Der Bau einer schiffbaren Verbindung zwischen Mittelmeer und Atlantik galt den Zeitgenossen von Pierre-Paul Riquet als unmöglich. Doch sein Lebenswerk, der Kanal zwischen dem Mittelmeerhafen Sète und der Handelsstadt Toulouse, belehrte sie eines Besseren. Mit der Errichtung von zwei Talsperren in der Montagne Noire gelang es ihm, Wasser für die Flutung des Kanals zu bekommen. So wurde das schwierigste Hindernis auf der ganzen Strecke, der Naurouze-Pass, überwunden.

Dank seiner guten Verbindungen zum Königshaus konnte Riquet 1666 mit den Arbeiten beginnen. Rund 260 km mussten sich die Bautrupps durch das Gelände graben, über 60 Schleusen und mehr als 120 Brücken waren zu planen. 15 000 Arbeiter waren 18 Jahre (1666–1684) lang beschäftigt, bevor das erste Schiff den Anker lichten konnte. Riquet starb sechs Monate vor Fertigstellung des Kanals. In Port-Lauragais unweit von Castelnaudary informiert das **Maison de la Haute-Garonne** (tgl. 10–18 Uhr) über das Lebenswerk des genialen Ingenieurs, das seit 1997 zum UNESCO-Welterbe zählt.

FRANZÖSISCHE PYRENÄEN

Das auf einem steilen Felsen thronende Château de Peyrepertuse war die größte Festung der Katharer in Frankreich

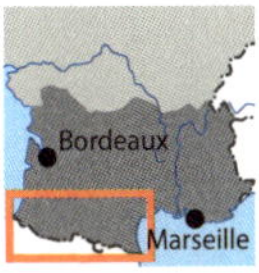

Zwischen Perpignan und Narbonne ist man bestrebt, seine kulturelle Eigenständigkeit zu wahren. Von der bewegten Geschichte der Region künden die Ruinen trutziger Katharerburgen und mauerumwehrte Städte.

Zwischen Mittelmeer und Atlantik ragen die bis zu 3400 m hohen Pyrenäen auf. Ihr Wasserreichtum sorgt für viele Gebirgsseen und eine vergleichsweise üppige Vegetation. Zwischen den einzelnen Tälern gab es früher kaum Verbindungen, wodurch sich kulturelle Eigenarten erhalten haben. Quer durch das Gebirge mit mehreren Dutzend über 3000 m hohen Gipfeln verläuft die politische Grenze zwischen Frankreich und Spanien. Hüben wie drüben sprechen Katalanen, Gascogner und Basken die gleiche Sprache.

Alte, verborgene Klöster erzählen von längst vergangenen Zeiten, in denen die Katharer eine bedeutende Rolle spielten. Im 12. Jh. besaß die weltabgewandte Glaubensrichtung der »Reinen« großen Einfluss in Teilen Westeuropas, bevor die bis 1229 tobenden blutigen Albigenserkriege die blühende Kultur des Midi auslöschten. Von einer wechselhaften Vergangenheit zeugen Burgruinen wie Quéribus und Peyrepertuse sowie mauerumwehrte Städte. Katalanisches Flair ist in Perpignan und Umgebung allgegenwärtig.

TOUREN IN DER REGION

TOUR 12

BERGE, BURGEN, BADESTRÄNDE

ROUTE: Perpignan > Quéribus > Peyrepertuse > Foix > Ax-les-Thermes > Mont-Louis > St-Martin-du-Canigou > St-Michel-de-Cuxa > Banyuls-sur-Mer > Collioure > Elne > Perpignan

KARTE: Seite 116
DISTANZEN: ca. 460 km; 3–5 Tage

VERKEHRSMITTEL:
- Diese Tour unternimmt man am besten mit dem eigenen Pkw.
- Nach Collioure und Banyuls-sur-Mer gelangt man von Perpignan aus per TER-Zug in ca. 30 Min. (www.sncf.com/de).

TOUR-START:

Von Frankreichs südlichster Großstadt **Perpignan** 1 > S. 119 führt die erste Etappe der Tour ins Land der Katharer zur Ruine des **Château de Quéribus** 5 > S. 121, in dem sich die letzten Widerständler dieser religiö-

ATLANTISCHER OZEAN
Golfe de Gascogne
Ile de Ré
La Rochelle
Ile d'Oléron
St-Pierre
Rochefort
Surgères
Mauzé
Boutonne
Chef-Boutonne
Civray
Vienne
Le Dorat
La Souterraine
Bellac
Confolens
St-Jean-de-Angély
Aigre
Bourg-Charente
Rouillac
Chasseneuil
St-Junien
Aixe-s-Vienne
Limoges
Rochechuart
La Rochefoucauld
Jarnac
Saintes
Saujon
Royan
Cognac
Angoulême
Verdon-sur-Mer
Talmont
Châteauneuf-sur-Charente
Archiac
Nontron
Dronne
St-Yrieix-la-Perche
Uzerche
Gironde
Lesparre-Médoc
Mirambeau
Barbezieux
Chalais
Ribérac
Périgueux
Brive-la-Gaillarde
Blaye
Castelnau-de-Médoc
La-Roche-Chalais
Montignac
Grotte de Lascaux
Vézère
Libourne
St-Emilion
Bergerac
Sarlat-la-Canéda
Les Eyzies
Grottes de Lacave
Domme
Gourdon
Dordogne
Bordeaux
Garonne
Sauveterre-de-Guyenne
La Réole
Miramont-de-Guyenne
Cap Ferret
Arcachon
Biscarosse Plage
Parentis-en-Born
Belin-Béliet
Bazas
Marmande
Cancon
Lot
Villeneuve-sur-Lot
Cahors
St-Symphorien
Pissos
Casteljaloux
Mimizan-Plage
Sabres
Agen
Baïse
Caussade
Moissac
Montauban
Roquefort
Condom
St-Girons-Plage
Castets
Midouze
Mont-de-Marsan
Eauze
St-Clar
Hossegor
Grenade
Dax
Adour
Aire-s.-l'Adour
Nogaro
Mauvezin
Capbreton
Auch
Bayonne
Orthez
Toulouse
Biarritz
Maubourguet
Miélan
Gers
Save
Samatan
Villefranche-de-Lauragais
Cambo-les-Bains
Gave d'Oloron
Castelnau-Magnoac
Trie
Mauléon-Licharre
Pau
Tarbes
Boulogne
Auterive
Bilbao
St-Jean-Pied-de-Port
Oloron-Ste-Marie
St-Gaudens
Pamiers
Lourdes
Garonne
Bagnères-de-Bigorre
St-Bertrand-de-Comminges
St-Girons
Pic d'Orhy
Cauterets
Arreau
Foix
Iruñea/Pamplona
Col du Somport 1632
Tarascon
Visaurin 2670
Bagnères-de-Luchon
Les
Vielha
Pic d'Estats 3145
P Y R E N E E S
Jaca
Monte Perdido 3355
Pico de Aneto 3408
Andorra la Vella
SPANIEN
Sabiñanigo
ANDORRA
START
14
15
16
13

TOUREN IN DEN FRANZÖSISCHEN PYRENÄEN UND IM SÜDWESTEN

TOUR 12

BERGE, BURGEN, BADESTRÄNDE > S. 115

Perpignan > Quéribus > Peyrepertuse > Foix > Ax-les-Thermes > Mont-Louis > St-Martin-du-Canigou > St-Michel-de-Cuxa > Banyuls-sur-Mer > Collioure > Elne > Perpignan

TOUR 13

VON PERPIGNAN NACH BIARRITZ > S. 118

Perpignan > Foix > St-Bertrand-de-Comminges > Tarbes > Lourdes > Pau > St-Jean-Pied-de-Port > Biarritz

TOUR 14

MEER, REBEN UND STEINZEIT > S. 128

Bordeaux > Royan > Rochefort > La Rochelle > Saintes > Cognac > Angoulême > Limoges > Périgueux > Lascaux > Sarlat-la-Canéda > Les Eyzies-de-Tayac > St Emilion > Bordeaux

TOUR 15

RADTOUR AN DER SILBERKÜSTE > S. 129

Royan > Soulac-sur-Mer > Arcachon > Biscarosse > Mimizan-Plage > Hossegor > Capbreton > Bayonne

TOUR 16

IM TAL DER CHARENTE > S. 130

Cognac > Bourg-Charente > Jarnac > Chateauneuf-sur-Charente > Angoulême

sen Bewegung Mitte des 13. Jhs. den Truppen des französischen Königs ergaben. Ein ähnliches Schicksal war dem nahen **Château de Peyrepertuse** 6 > S. 121 beschieden. Auch das Städtchen **Foix** 11 > S. 123 mit seiner wehrhaften Festung schrieb als Katharerbastion Geschichte. Weiter südlich führt die Tour über den Badeort **Ax-les-Thermes** und die von mächtigen Wällen geschützte Vauban-Festung **Mont-Louis** 10 > S. 123 ins herrliche Tal des Flüsschens Têt. Von hier aus erreicht man die beiden romanischen Klöster **St-Martin-du-Canigou** 9 > S. 123 und **St-Michel-de-Cuxa** 7 > S. 122 im Schatten hoher Pyrenäengipfel. In **Banyuls-sur-Mer** 4 > S. 121 an der Côte Vermeille trifft man auf die Mittelmeerküste und kann sich in der ehemaligen Künstlerkolonie **Collioure** 3 > S. 120 beim Baden am Stadtstrand oder beim Bummel durch die Altstadt erholen, bevor man über die alte Bischofsstadt **Elne** 2 > S. 120 mit ihrer schönen romanischen Kathedrale nach **Perpignan** zurückkehrt.

Mitten im Zentrum von Collioure lädt ein kleiner Kieselstrand zum Baden ein

TOUR 13

VON PERPIGNAN NACH BIARRITZ

ROUTE: Perpignan > Foix > St-Bertrand-de-Comminges > Tarbes > Lourdes > Pau > St-Jean- Pied-de-Port > Biarritz
KARTE: Seite 116
DISTANZEN: 500 km; 4–5 Tage
VERKEHRSMITTEL:
- Pau und Biarritz liegen am Schienennetz der französischen SNCF. Ansonsten ist man bei dieser Tour auf einen Pkw angewiesen.

TOUR-START:

Mal zu Füßen des Gebirges, mal auf den Höhen der Pyrenäen ist man auf dieser Tour unterwegs. Von **Perpignan** 1 > S. 119 gelangt man auf der D 117 in das idyllisch von Bergen umrahmte **Foix** 11 > S. 123. Schon von Weitem ist die Burg mit ihren drei markanten Türmen zu erblicken, die ein historisches Museum beherbergt.

Zu den absoluten Höhepunkten dieser Tour gehört ein Besuch im mauerumwehrten **St-Bertrand-de-Comminges** 12 › S. 124. Wo Feldherr Pompeius eine der ersten römischen Siedlungen in Gallien gründete, steht heute die beeindruckende Cathédrale Ste-Marie mit kostbarer Innenausstattung.

Tarbes 13 › S. 125 ist hauptsächlich wegen des dortigen Nationalgestüts ein lohnendes Etappenziel. Jahr für Jahr zieht **Lourdes** 14 › S. 125, der bekannteste Wallfahrtsort Frankreichs, Millionen von Pilgern an. Wesentlich gelassener geht es in der alten Residenzstadt **Pau** 15 › S. 126 zu, in deren Renaissanceschloss der spätere Henri IV. das Licht der Welt erblickte. Im Umkreis des historischen Gemäuers kann man in Restaurants und Straßencafés die unbeschwerte Atmosphäre genießen.

Während Pau im Pyrenäenvorland liegt, befindet sich **St-Jean-Pied-de-Port** 16 › S. 126 mitten im Gebirge und macht mit einer wuchtigen Festung auf seine historische Lage an der französisch-spanischen Grenze aufmerksam. Von hier ist in etwa 1 Std. **Biarritz** › S. 137 erreicht, der größte und mondänste Badeort an der Atlantikküste.

VERKEHRSMITTEL

Während größere Städte wie Perpignan, Toulouse, Pau, Lourdes und Biarritz per Bahn zu erreichen sind, ist man in den Pyrenäen auf regionale Busse oder einen Pkw angewiesen. Der **Petit Train Jaune** › S. 122 überquert auf seiner Fahrt von Villefranche-de-Conflent nach Latour-de-Coral u. a. den Pont de Gisclard, eine 80 m hohe Hängebrücke.

WICHTIGE ADRESSE

Comité Régional du Tourisme Midi-Pyrénées
- 15, rue Rivals | 31685 Toulouse
  Tel. 05 61 13 55 55
  www.tourisme-occitanie.com

UNTERWEGS IN DER REGION

AM MITTELMEER

PERPIGNAN 1 ★ L13

Die Stadt (120 000 Einw.) gehörte ab dem 13. Jh. für rund 60 Jahre zum Königreich Mallorca. Aus dieser Zeit stammt das **Palais des Rois de Majorque** (4, rue des Archers, Führungen tgl. 11 und 15 Uhr, 4 €). Wahrzeichen der Stadt ist das 1368 aus Ziegeln erbaute **Castillet**, der nördlichste Teil einer historischen Festung, in dem heute das **Musée d'Histoire de la Catalogne Nord** volkskundliche Ausstellungen zeigt (Place de Verdun, Juni–Sept. Di–So 10.30–18.30, sonst 11–17.30 Uhr, 2 €).

An der zentralen **Place de la Loge**, wo vom 14. bis 16. Jh. die Seehandelsbörse ihren Sitz hatte, wird im Sommer die volkstümliche Sardana getanzt. Im Hof des nahen **Rathauses** verkörpert die Bronzeskulptur »La Méditerranée«, ein weiblicher Akt des Bildhauers Aristide Maillol, das Mittelmeer.

Am malerischen **Quai Vauban** säumen nette Restaurants und Straßencafés das Ufer der Basse, hier kann man im Schatten alter Platanen eine Pause einlegen und bei einer Tasse Kaffee oder einem Glas Wein die lebhafte Atmosphäre der Stadt genießen.

INFO

Office de Tourisme

- Place de la Loge
  66000 Perpignan
  Tel. 04 68 66 30 30
  www.perpignantourisme.com

HOTEL

Hôtel Alexander €–€€

Modernes Mittelklassehotel zwischen Basse und Têt mit 25 gepflegten Zimmern. Restaurant mit traditioneller Küche; eigene Parkgarage.

- 15, bd. Georges Clémenceau
  66000 Perpignan | Tel. 04 68 35 41 41
  www.hotel-alexander.fr

RESTAURANT

La Passerelle €€

Fisch und Meeresfrüchte in maritimem Ambiente.

- 1, cours F. Palmarole | 66000 Perpignan
  Tel. 04 68 51 30 65

ELNE 2 L13

Obstplantagen und Weinberge umgeben die in einer fruchtbaren Ebene am Fuße der Pyrenäen gelegene frühere Bischofsstadt (7500 Einw.). Ihre Altstadt wird von der romanischen **Cathédrale Ste-Eulalie-et-Ste-Julie** überragt. Der vom 12. bis 14. Jh. errichtete Kreuzgang besitzt außergewöhnlich kunstvoll gearbeitete romanische Kapitelle (Mai–Sept. tgl. 10–12.30, 14–18.30, sonst Di–So 10–12.30, 14–17 Uhr).

Im **Tropique du Papillon** an der Straße nach Argelès-sur-Mer kann man in einer riesigen Volière exotische Schmetterlinge bewundern (D612, Juli, Aug. tgl. 10–19, sonst 10–12.30, 14.30–18 Uhr, www.tropique-du-papillon.com, 9,50 €).

COLLIOURE 3 L13

Das **Château Royal** am Hafen (Juli, Aug. tgl. 9.30–18.30, April–Juni und Sept., Okt. 10–18, Nov.–März 10–17 Uhr, 4 €) konstruierte Vauban. Von den Zinnen hat man einen schönen Blick auf den fotogenen Ort und die steile Côte Vermeille. Die Festung diente vielen Malern als Motiv, insbesondere den Fauves, die Collioure ab 1904 gern besuchten. Matisse und Dérain hielten ihre wuchtigen Mauern auf berühmten Gemälden fest, Reproduktionen dieser und anderer Ansichten von Collioure zeigt am Ort ihrer Entstehung der **Chemin du Fauvisme.**

Mitten im Zentrum von Collioure lädt ein kleiner Kieselstrand zum Baden ein – nur einen Steinwurf von den Cafés und Restaurants an der Promenade entfernt.

HOTEL

Hôtel des Templiers €–€€€

Ehemaliger Künstlertreff, dessen Wände Werke von Künstlern wie Picasso, Matisse und Dalí schmücken; auf Fisch spezialisiertes Restaurant, stimmungsvolles Café.

- 12, quai de l'Amirauté
  66190 Collioure | Tel. 04 68 98 31 10
  www.hotel-templiers.com

BANYULS-SUR-MER 4 L14

In dem für seinen gleichnamigen Süßwein bekannten Ort (4600 Einw.) wurde der Bildhauer Aristide Maillol geboren, der die Frauen gerne mit üppigen Formen darstellte. Ein kleines **Museum** widmet sich seinem Leben und Werk (Vallée de la Roume, Mai–Sept. Di–So 10–12, 15–18, sonst 10–12, 14–17 Uhr, 5 €).

Die Küstengewässer vor Banyuls zählen zu den schönsten Tauchrevieren von Südfrankreich. Ohne Schnorchel oder Sauerstoffflaschen kann man die Unterwasserwelt im Aquarium des **Biodiversarium** studieren (1, ave. Pierre Fabre, Di–So 10–12.30, 14–18.30 Uhr, www.biodiversarium.fr, 9,50 €).

HOTEL

Hôtel Les Elmes €€

Unterkunft direkt am Sandstrand. Zimmer mit schallisolierten Fenstern; Restaurant **La Littorine** mit Terrasse zum Meer.

- Plage des Elmes | 66650 Banyuls-sur-Mer
  Tel. 04 68 88 03 12
  www.hotel-des-elmes.com

RESTAURANT

Le Fanal €€–€€€

Pascal Borrel zaubert aus ultrafrischen Zutaten kreative Gerichte. Schöne Terrasse mit Blick auf den Jachthafen

- 17, ave. P. Fabre | 66650 Banyuls-sur-Mer
  Tel. 04 68 98 65 88r
  www.pascal.borrel.com

AKTIVITÄTEN

Tauchausflüge organisieren die bewährten Anbieter **Aqua Blue Plongée** (www.aquablue-plongee.com) und **Rederis Sub** (www.rederis.com).

IM HINTERLAND DER KÜSTE

CHÂTEAU DE QUÉRIBUS 5 K12

Die 728 m hoch auf einem Felssporn gebaute Anlage wurde seit dem 11. Jh. als Grenzsicherungsposten genutzt. Später diente sie den Katharern als letzte Fluchtburg, bevor sie sich den Truppen des französischen Königs ergaben. Die heutige eindrucksvolle Ruine stammt größtenteils aus der zweiten Hälfte des 13. Jhs. Ihr Kernstück bildet der mächtige Wohnturm mit bestens erhaltenem gotischen Gewölbesaal (bei Cucugnan; Aufstieg vom Parkplatz ca. 15 Min., April tgl. 10–18, Mai, Juni, Sept. 9.30–19, Juli, Aug. 9–20, Okt. 10–18.30, Nov.–Febr. 10–17.30, Jan., März 10–17 Uhr, www.cucugnan.fr, 7,50 €).

CHÂTEAU DE PEYREPERTUSE 6 K12

Peyrepertuse ist die größte und eindrucksvollste Katharerfeste. Die Burg nimmt fast das gesamte, von 800 m hohen Steilwänden begrenzte Hochplateau ein. Die Anlage besteht aus zwei Teilen: der älteren Enceinte Basse (11. Jh.) mit Kapelle und Wohntrakt sowie der höher gelegenen Burg San Jordi, von deren Donjon man einen Panoramablick auf die Mittelmeerküste und die Pyrenäen hat. Die zur Burg führende Treppe ließ Ludwig der Heilige um 1242 in Stein hauen (bei Duilhac-sous-Peyrepertuse, vom Parkplatz ca. 15 Min. Aufstieg, April–Juni,

Sept. tgl. 9–19, Juli, Aug. 9–20, März, Okt. 10–18, Febr., Nov. 10–17, Dez., Jan. 10–16.30 Uhr, www.chateau-peyrepertuse.com, 7 €).

ST-MICHEL-DE-CUXA 7 K13

Das 3 km südlich von **Prades** gelegene Kloster gibt sich mit einem kantigen Glockenturm aus dem 10. Jh. zu erkennen. Die einst bedeutende Abtei wurde nach der Französischen Revolution aufgelöst, die Gebäude verfielen.

ROMANISCHE KLÖSTER

- Vor allem durch ihre abgeschiedene Lage im Sénancole-Tal imponiert die **Abbaye de Sénanque** in der Provence › S. 93.
- **St-Trophîme** in Arles prunkt mit reichem Skulpturenschmuck am Portal und im Kreuzgang › S. 99.
- Auf eine fast 1000-jährige Geschichte blickt die **Abbaye de Fontfroide** südwestlich von Narbonne zurück › S. 112.
- **St-Michel-de-Cuxa** bei Prades ist ein seltenes Beispiel präromanischer Baukunst › S. 122.
- Das auf einem steilen Felsen inmitten einsamer Bergwelt errichtete Kloster **St-Martin-du-Canigou** gleicht einer Festung › S. 123.
- **St-Bertrand-de-Comminges** war eine wichtige Station auf dem Jakobsweg › S. 124.
- Einen unermesslich kostbaren Kirchenschatz besitzt die **Abbaye Ste-Foy** in Conques › S. 142.

Der amerikanische Bildhauer Georges Grey Barnard erwarb Anfang des 20. Jhs. einen Teil der romanischen Kapitelle. Sie bildeten den Grundstock des Museums The Cloisters in New York.

Vor Ort rekonstruierte man aus verbliebenen Resten zwei Flügel des Kreuzgangs, der ursprünglich der älteste im Roussillon war und viele weitere Sakralbauten der Region beeinflusste (D 27 in Richtung Codalet, Taurinya, Fillols, April–Sept. tgl. 9.30–11.50, 14–18, Okt.–März 9.30–11.50, 14–17 Uhr, www.abbaye-cuxa.com, 6 €).

VILLEFRANCHE-DE-CONFLENT 8 K13

Der strategisch bedeutende Ort wurde schon im Mittelalter befestigt; im 17. Jh. fügte Vauban massive Wälle und das **Fort Libéria** hinzu, das über einen pittoresken Stadtkern wacht. Von Villefranche kann man mit dem **Petit Train Jaune** das herrliche Tal der Têt erkunden. Die Schmalspurbahn zockelt ganz gemächlich durch 19 Tunnel und über 22 Brücken (www.pyrenees-cerdagne.com/decouvrir/le-train-jaune).

PIC DU CANIGOU

Der 2784 m hohe Pic du Canigou wird von den Einwohnern Kataloniens als heiliger Berg verehrt. Der Legende nach soll ihn König Peter III. von Katalonien 1285 als erster Mensch bestiegen haben. Sein von November bis April mit Schnee bedeckter Gipfel ist relativ leicht zu besteigen. Es gibt mehrere Aufstiegsrouten, über die das Office de

Tourisme in Vernet les Bains > s. unten informiert. Hilfreiche Tipps findet man auch unter der Webadresse www.canigo-grandsitedefrance.fr. Die eigentliche Wanderung beginnen die meisten Bergsteiger bei der Schutzhütte **Refuge des Cortalets** auf 2148 m Höhe (Mitte Mai–Mitte Okt., 112 Schlafplätze und Verpflegung, Tel. 04 68 96 36 19, www.refugedescortalets.ffcam.fr).

ST-MARTIN-DU-CANIGOU 9 K14

Die Ursprünge der romanischen Abtei lassen sich bis ins 11. Jh. zurückverfolgen. Wuchtige Säulen stützen das Tonnengewölbe der Oberkirche. Ein Kapitell mit Szenen aus dem Leben des hl. Martin dient als Altarstein. Kaum vorstellbar, welche Mühe es gekostet haben muss, das Kloster auf dem abschüssigen Felshang zu erbauen, wenn heute schon die Anfahrt aus dem Tal der Têt über die D 116 mit Allradwagen oder die 40-minütige Wanderung ab Vernet-les-Bains zum spektakulären Erlebnis werden.

INFO

Office de Tourisme Vernet-Les-Bains

Organisiert den Transport zum Kloster.

- 2, rue de la Chapelle
  66820 Vernet-les-Bains
  Tel. 04 68 05 55 35
  www.vernet-les-bains.fr

MONT-LOUIS 10 J14

Hauptattraktion von Mont-Louis ist die 1679–1681 von Vauban erbaute Festung. Louis XIV. gab sie in Auftrag, um nach dem Pyrenäenfrieden von 1659 die neue französisch-spanische Grenze zu sichern. Bekannt ist der 1600 m hoch gelegene Ort auch für seinen **Solarofen.** Er erreicht Temperaturen von 3500 °C und dient Forschungszwecken (Führungen Mitte April–Okt. tgl. 10.30, 11.30, 14, 15 und 16, Juli–Mitte Sept. zusätzlich 17 und 18 Uhr, www.mont-louis.net/patrimoine/foursolaire, www.four-solaire.fr, 7 €).

Von Mont-Louis aus wird der **Parc Naturel Régional des Pyrenées Catalanes** verwaltet, der sich zwischen Vernet-les-Bains im Osten und der spanischen Grenze bei Bourg-Madame erstreckt. Auf seinem Areal stehen nicht nur Berge und Wälder mit einzigartiger Flora und Fauna unter Schutz, sondern auch ein reiches architektonisches und bäuerliches Erbe (La Bastide, Olette, Tel. 04 68 04 97 60, www.parc-pyrenees-catalanes.fr).

FOIX 11 H12

Foix (9700 Einw.) liegt im mittleren Pyrenäengebiet. In den Räumen des aus drei großen Türmen und einem verbindenden Wohnbau bestehenden **Château de Foix** informieren Ausstellungen über die Geschichte der Anlage und der Stadt (Juli, Aug. tgl. 10–18, sonst mind. 10–12.30, 14–17.30 Uhr, www.sites-touristiques-ariege.fr, 6,70 €). Die Grafen von Foix, aus deren Geschlecht auch König Henri IV. stammte, waren keine Katharer, gewährten diesen aber in ihrer fast uneinnehmbaren Festung Zuflucht vor den Kreuzrittern. Von der Terrasse zwischen den Burgtürmen genießt man einen herrlichen Panoramablick über Foix, das Ariège-Tal und die Berge.

HOTEL

Hôtel Lons €–€€

Zentral gelegenes Quartier mit 38 einfachen Zimmern. Das Restaurant serviert landestypische Küche, im Sommer auf der hübschen Terrasse über der Ariège.

- 6, pl. Georges Dutilh | 09000 Foix
  Tel. 05 34 09 28 00
  www.hotel-lons-foix.com

RESTAURANT

Le Phoebus €

Einfallsreiche Landesküche. Durch die Panoramafenster des Speisesaals blickt man auf die Burg.

- 3, cours Irénée Cros | 09000 Foix
  Tel. 05 61 65 10 42
  www.ariege.com/le-phoebus

ST-BERTRAND-DE-COMMINGES 12 F12

Auf den Resten einer antiken Siedlung entstand um 1120 auf einem Hügel die **Cathédrale Ste-Marie** 11, von der das ursprüngliche Eingangsportal erhalten ist. Der spätere Bischof Bertrand, der im 13. Jh. als Clemens V. erster Papst in Avignon war, begann mit dem 1532 vollendeten Ausbau. Im Inneren beeindrucken vor allem der Lettner und das meisterlich geschnitzte Chorgestühl mit einem prachtvollen Bischofsthron im Stil der Renaissance. Die Kapitelle im Kreuzgang des Klosters zeigen biblische Szenen.

In den steilen Gassen spaziert man an Häusern aus dem 15. und 16. Jh. vorbei, in deren Mauern teils verbliebenes Steinmaterial der antiken Siedlung verbaut wurde. Über-

Blick auf St-Bertrand-de-Comminges vom Kirchlein St-Just-de-Valcabrère aus

wiegend aus dem Stein antiker Sarkophage errichtete man auch die romanische Basilika **St-Just-de-Valcabrère,** die unterhalb des Ortes mitten auf einem Feld steht.

TARBES 13 E11

In der ehemaligen Garnisonsstadt (41 000 Einw.) wurde das **Geburtshaus von Marschall Foch** in ein Museum umgewandelt. Schriftstücke und persönliche Gegenstände dokumentieren das Leben des berühmten Militärstrategen, der im Ersten Weltkrieg das Kommando über die gesamte Westfront innehatte (2, rue de la Victoire, Mi–Mo 9.30–12.15, 14–17.15 Uhr, 2 €).

Im Nationalgestüt **Haras National** werden neben arabischen und angloarabischen Rassen auch heimische Mérens-Pferde gezüchtet, die schon Cäsar bekannt waren. Die Tiere sind im gepflegten Park zu bewundern; im Rahmen eindrucksvoller Vorführungen zeigen sie ihr Können (Chemin de Mauhourat, Tel. 06 32 44 87 13, www.haras-nationaux.fr).

LOURDES 14 D12

Die Stadt (15 600 Einw.) mit ihrer als heilkräftig geltenden Quelle ist Frankreichs bedeutendster Wallfahrtsort. Bei der **Grotte,** in der Bernadette Soubirous 1858 mehrfach die Jungfrau Maria erschienen sein soll, steht die Cité religieuse mit der neubyzantinischen **Rosenkranzbasilika** und der neugotischen **Oberen Basilika.** Dankbare Pilger stifteten unzählige Votivtafeln. Die unterirdische **Pius-X.-Basilika** aus den 1950er-Jahren bietet 20 000 Pilgern Platz. In der historischen Altstadt ist das **Geburtshaus der Bernadette** der Öffentlichkeit als Museum zugänglich (12, rue Bernadette Soubirous, Ostern–Okt. tgl. 9–12, 14–18.30, sonst 15–17 Uhr, 2,50 €). Die **Lacadé-Mühle** wurde nach den Erscheinungen zur neuen Bleibe von Bernadettes Eltern; sie wird noch immer von Nachfahren der Familie geführt (12, rue Bernadette Soubirous, tgl. 9.30–12.15, 14.15–18.30 Uhr, 2 €).

Das auf einem Felssporn erbaute Château Fort überragt die Altstadt von Lourdes. Dort präsentiert das **Musée Pyrénéen** Volkskunst und Traditionen der Region von Perpignan bis Biarritz. Vom Donjon aus überblickt man den gesamten Pilgerbezirk (Mitte April–Mitte Okt. tgl. 10–19, Mitte Okt.–Mitte April Di–So 10–18 Uhr, www.chateaufort-lourdes.fr, 7,50 €).

INFO

Office de Tourisme

- 1, pl. Peyramale | 65101 Lourdes
  Tel. 05 62 42 77 40
  www.lourdes-infotourisme.com

HOTEL

Grand Hôtel d'Angleterre €–€€

Stadthotel nahe der Grotte; 56 funktionell ausgestattete Zimmer, Restaurant mit Regionalküche.

- 4, rue St-Joseph
  65100 Lourdes
  Tel. 05 62 94 00 15
  www.angleterrehotel.fr

Karte S. 116

PAU 15 ★ D11

In der reizvoll im Vorland der Pyrenäen gelegenen Residenzstadt (75 000 Einw.) erblickte anno 1553 Henri d'Albret das Licht der Welt. In die Geschichte ging er als Henri IV., König von Frankreich, ein. Er beendete 1598 mit dem Edikt von Nantes die Religionskriege und bemühte sich um den wirtschaftlichen Aufschwung des Landes. Seine Wiege steht im weißen **Renaissanceschloss** von Pau, dessen Bergfried aus dem 14. Jh. stammt. Im Schlossmuseum sind u. a. die Wohnräume des letzten Kaiserpaars von Frankreich und eine bedeutende Sammlung von Gobelins zu besichtigen (Führungen Mitte Juni–Mitte Sept. tgl. 9.30–17.45, Mitte Sept.–Mitte Juni 9.30–11.45, 14–17 Uhr, www.chateau-pau.fr, 7 €).

Vom Boulevard des Pyrénées unterhalb des Schlosses aus genießt man bei klarem Wetter ein prächtiges Bergpanorama.

Einen Besuch lohnt auch das **Musée des Beaux-Arts,** das Werke holländischer, flämischer, italienischer, spanischer und französischer Meister des 15. bis 20. Jhs. zeigt (Rue Matthieu Lalanne, Mi–Mo 10–12, 14–18 Uhr, 4 €).

HOTEL

Hôtel de Gramont €€

Günstiges und gutes Hotel In einem Postgebäude des 18. Jhs. nicht weit vom Schloss, 35 individuell gestaltete Zimmer.

- 3, pl. Gramont | 64000 Pau
  Tel. 05 59 27 84 04
  www.hotel-gramont-pau.com

ST-JEAN-PIED-DE-PORT 16 B12

Der baskische Teil der Pyrenäen beginnt bei diesem vielbesuchten kleinen Touristenort (1500 Einw.). Die pittoreske Oberstadt auf dem rechten Nive-Ufer, umgeben von Mauern aus dem 15. Jh., war einst Hauptstadt von Nieder-Navarra. Darüber erhebt sich eine wuchtige **Festung.** Eine gepflasterte Straße führt vom mittelalterlichen Stadttor auf den Berg, vorbei an navarresischen Häusern aus rotem Sandstein.

St-Jean-Pied-de-Port ist die letzte Pilgerstation vor dem Aufstieg zum Pass **Roncesvalles,** wo Roland, ein Heerführer Karls des Großen, im Jahr 778 in einer Schlacht gegen die Basken fiel. Im Rolandslied, einem altfranzösischen Epos, wird der Held besungen.

HOTELS

Hôtel Les Pyrénées €€€

Gepflegtes Relais-et-Châteaux-Hotel mit modern gestalteten Zimmern, Restaurant und Pool im Garten.

- 19, pl. Charles de Gaulle
  64220 St-Jean-Pied-de-Port
  Tel. 05 59 37 01 01
  www.hotel-les-pyrenees.com

Hotel Restaurant des Sources de la Nive €

Angenehmes mittelgroßes Haus mit gutem Restaurant, etwa 13 km südostlich von St-Jean gelegen. Ideal für Wanderer.

- 64220 Esterençuby
  Tel. 05 59 37 10 57
  www.hotelsourcesdelanive.com

DER SÜDWESTEN

Das Flair von Bordeaux liegt irgendwo zwischen vergangener Grandezza und provinziellem Charme

Das Spektrum dieser außerordentlich vielfältigen Region reicht von Höhlen mit Steinzeitmalereien über mittelalterliche Wehrdörfer und Wallfahrtsstätten bis zu modernen Metropolen wie Toulouse und Bordeaux.

Der Südwesten erstreckt sich von den Sandstränden Aquitaniens die Atlantikküste entlang bis zur Hafenstadt La Rochelle und in östlicher Richtung bis nach Limoges und auf die rauen Viehweiden des Aubrac. Richtung Süden dehnen sich bis zu den Pyrenäenausläufern Landschaften wie das Périgord aus, das für sein reiches historisches Erbe und seine gute Küche bekannt ist. In diesem Teil Frankreichs liegen aber auch Metropolen wie Bordeaux und Toulouse, die ein reges Kulturleben aufzuweisen haben. Nicht zu vergessen sind jene historischen Glanzpunkte, die sich am Jakobsweg im Herzen Südfrankreichs aneinanderreihen. Und natürlich tragen auch die Rebgärten insbesondere rund um St-Emilion zur Reputation der Region bei, weil aus den Trauben Jahr für Jahr weltbekannte Spitzenweine gekeltert werden.

TOUREN IN DER REGION

TOUR 14

MEER, REBEN UND STEINZEIT

ROUTE: Bordeaux › Royan › La Rochelle › Cognac › Angoulême › Limoges › Périgueux › Lascaux › Sarlat-la-Canéda › Les Eyzies-de-Tayac › St-Emilion › Bordeaux

KARTE: Seite 116
DISTANZEN: ca. 830 km; 7–10 Tage
PRAKTISCHE HINWEISE:

- Die Ziele dieser Tour erreicht man am besten per Pkw.
- Achtung: Die Tickets für Lascaux II und Lascaux IV sollten in den Sommermonaten unbedingt vorab reserviert werden!

TOUR-START:

Von der Weinstadt **Bordeaux** 17 › S. 131 über das Belle-Époque-Seebad **Royan** 21 › S. 136 nach **La Rochelle** 19 › S. 135 mit seiner imponierenden Festung sind es ebene Landstriche und vom Meer geprägte Städte, die den Reiz der Rundfahrt ausmachen. Dann wendet sich die Strecke dem Inland zu, wo das reiche römische Erbe in **Saintes** 25 › S. 138 beeindruckt, bevor **Cognac** 26 › S. 139, die Stadt des

Weinbrands, folgt. Durch das Tal der Charente gelangt man ins mittelalterliche **Angoulême** 27 > S. 139, das auch als Stadt der Comic-Kunst Bekanntheit erlangt hat.

Mit einem Schlenker über das Email-Zentrum **Limoges** 28 > S. 139 geht es Richtung Süden, wo **Périgueux** 29 > S. 140 mit Stolz seinen Ruf als historisches Zentrum des Périgord verteidigt. Angesichts der grandiosen Höhlenmalereien von **Lascaux** 30 > S. 140 fühlt man sich in die Altsteinzeit zurückversetzt. Nicht weit entfernt glänzt **Sarlat-la-Canéda** 31 > S. 140 mit einem historischen Kern im Stil der Renaissance und einem der schönsten Märkte des Périgord. Über **Les Eyzies-de-Tayac** 32 > S. 141, Hauptstadt der Vor- und Frühgeschichte, und den Weinort **St-Emilion** 18 > S. 134 kehrt man schließlich nach **Bordeaux** zurück.

TOUR 15

RADTOUR AN DER SILBERKÜSTE

ROUTE: Royan > Soulac-sur-Mer > Arcachon > Biscarosse-Plage > Mimizan-Plage > Hossegor > Capbreton > Bayonne

KARTE: Seite 116
DISTANZEN: ca. 300 km; ca. 4 Tage. Royan > Arcachon 120 km; Arcachon > Mimizan-Plage 70 km; Mimizan-Plage > Capbreton 85 km; Capbreton > Bayonne 25 km.

PRAKTISCHE HINWEISE:
- Die Fähre Royan–Verdon-sur-Mer verkehrt im Sommer halbstündlich (Passagier 3,30 €, Pkw 23,70 €, www.transgironde.gironde.fr).
- Wer von Bayonne per Bahn nach Royan zurückkehren will, kann in vielen Zügen sein Rad umsonst mitnehmen (www.sncf.com/de).

TOUR-START:

Von **Royan** 21 > S. 136 setzt man mit der Fähre nach Verdon-sur-Mer über. Immer auf Südkurs geht es in der frischen, salzigen Luft zum Bassin d'Arcachon und weiter durch duftende, schattige Kiefernwälder Richtung **Biscarosse-Plage** und **Mimizan-Plage** 22 > S. 137, das Badetouristen im Hochsommer in ein quicklebendiges Ferienzentrum verwandeln. Zwischen Mimizan

Am Bassin d'Arcachon türmt sich Sand zur höchsten Wanderdüne Europas auf

Karte S. 116

und den Küstenorten **Hossegor** und **Capbreton** fährt man meistenteils auf asphaltierten Radwegen parallel zur Autostraße, die aber selbst in der Hochsaison wenig befahren ist. Zahlreiche Picknickplätze laden zur Rast ein. Die Radtour endet in **Bayonne** 23 > S. 137.

TOUR 16

IM TAL DER CHARENTE

ROUTE: Cognac > Jarnac > Château-neuf-sur-Charente > Angoulême

KARTE: Seite 116
DISTANZEN: ca. 70 km; 1 Tag
PRAKTISCHE HINWEISE:

- Die Bahnstrecke zwischen Cognac und Angoulême folgt dem Lauf der Charente, doch nur als Selbstfahrer kann man an schönen Plätzen verweilen.
- In Jarnac werden Bootstouren auf der Charente angeboten (April bis Okt., ab Charente-Brücke, Office de Tourisme, Tel. 05 45 81 09 30).
- Kanus und Kajaks verleiht Jarnac Sports Canoë Kayak (17, quai de l'Île Madame, Tel. 05 45 81 32 01, www.jsck.fr).

TOUR-START:

Zwischen **Cognac** 26 > S. 138 und Angoulême windet sich die Nebenstrecke durch das idyllische Tal der Charente und ist, von Weinkulturen, Winzerbetrieben, Schlössern und sehenswerten Ortschaften abgesehen, vor allem durch die Charente selbst geprägt. Der Fluss mäandert in seinem unbegradigten Bett durch eine stille, reizvolle Landschaft und bietet idyllische Plätze zum Baden und Picknicken. Östlich von Cognac kann man in **Bourg-Charente** der romanischen Kirche St-Jean-Baptiste einen Besuch abstatten. **Jarnac** gibt in Flussnähe ein romantisches Bild ab. Bei **Vibrac** lohnt ein kurzer Abstecher zum Canal des Moulins. Das in einer Flussschleife liegende **Châteauneuf-sur-Charente** wird vom Turm der Église St-Pierre dominiert, die eine reich verzierte romanische Fassade besitzt. Von hier ist es nicht mehr weit nach **Angoulême** 27 > S. 139, dem Endpunkt der Tour im Charente-Tal.

VERKEHRSMITTEL

Die Städte Bordeaux, Toulouse, Angoulême, La Rochelle, Biarritz, Tarbes und Arcachon liegen am Streckennetz der Hochgeschwindigkeitszüge TGV. Diese Linien sind reservierungspflichtig (www.sncf.com/de).

WICHTIGE ADRESSEN

Comité Départemental du Tourisme de la Gironde

- Rue du Corps Franc Pommiès
  33000 Bordeaux | Tel. 05 56 52 61 40
  www.gironde-tourisme.fr

Comité Départemental du Tourisme des Landes

- 4, ave. Aristide Briand
  40012 Mont de Marsan
  Tel. 05 58 06 89 89
  www.tourismelandes.com

UNTERWEGS IN DER REGION

BORDEAUX 17 C6

Schon auf den ersten Blick gibt Aquitaniens Hauptstadt (246 000 Einw.) ihren Wohlstand zu erkennen, den sie vor allem dem Weinhandel verdankt – Bordeaux liegt in einer der berühmtesten Weinbauregionen der Welt. Am Ufer der Garonne reihen sich stolze Bürgerpaläste und öffentliche Gebäude aneinander, mit denen sich die »Korkenaristokratie« ein Denkmal setzte.

Heute kommt der Stadt zudem eine wichtige Funktion als Verkehrsknotenpunkt zwischen Südfrankreich und Spanien zu, und auch in der Kunst- und Kulturszene spielt sie eine wichtige Rolle.

Zu Beginn des 21. Jhs. machte sich die Verwaltung daran, Bordeaux durch einige große Erneuerungsprojekte für die Zukunft zu rüsten, etwa mit der Einrichtung eines neuen, technisch fortschrittlichen, weil zum Teil oberleitungsfreien Straßenbahnnetzes, das heute 44 km lang ist und 86 Haltestellen umfasst. Auch die Quais entlang dem Garonne-Ufer und die Place de la Bourse sind von der dynamischen Stadtkosmetik nicht ausgenommen. Historische Gebäude werden aufwändig saniert, Neubauten wie das Tribunal de Grand Instance behutsam ins Stadtbild eingefügt. Am Garonne-Ufer entstehen Radwege und Promenaden.

Die um 1780 als Ensemble konzipierte Place de la Bourse ist Bordeaux' »gute Stube«

AM GARONNE-UFER

Ein beliebtes Fotomotiv auf der im 18. Jh. angelegten **Place de la Bourse** Ⓐ a3 ist der **Miroir d'Eau,** ein riesiges flaches Becken mit einem Granitfundament, auf dem 2 cm hohes Wasser die eleganten, umliegenden Fassaden spiegelt. Als »schönste Pfütze der Welt« wird dieses jüngste Projekt der Stadterneuerung von den Bordelaisern bezeichnet. Die Börse an der Nordseite des Platzes und das Zollgebäude an der Südseite zeugen vom Geschäftssinn des aufstrebenden Bürgertums der Handelsstadt.

Über den Cours du Chapeau-Rouge gelangt man zum prachtvollen **Grand Théâtre** Ⓑ a3, einem Meisterwerk des Klassizismus (www.opera-bordeaux.com).

Die **Porte Cailhau** Ⓒ b3 südlich der Place de la Bourse wurde 1495 zu Ehren von Karl VIII. errichtet. Vier Turmhauben zieren das ehemalige Stadttor. Ihm gegenüber muss die **Porte des Salinières** Ⓓ b4 (18. Jh.) an der Place de Bir-Hakeim bescheiden zurücktreten.

Zur filigranen gotischen **Basilique St-Michel** Ⓔ c4 gehört ein frei stehender Glockenturm aus dem 15. Jh., von dem man einen schönen Rundblick über die Stadt genießt (April–Okt. tgl. 8–12, 13–18 Uhr).

ALTSTADT 12

Malerische Gassen liegen hinter dem Stadttor **Grosse Cloche** Ⓕ c3, dessen Glocke früher die Weinernte einläutete. Die verkehrsberuhigte Rue Ste-Catherine ist Bordeaux' wichtigste Geschäftsstraße. Im **Musée d'Aquitaine** Ⓖ b3 wird die Geschichte Aquitaniens dokumentiert – von vorgeschichtlicher Zeit bis in die Gegenwart (Di–So 11–18 Uhr, www.musee-aquitaine-bordeaux.fr, 5 €).

Zwischen Place Gambetta und Cours d'Albret sind einige der markantesten Gebäude der Stadt zu finden. Im Palais Rohan residiert heute die Stadtverwaltung. Davor ragt die imposante **Cathédrale St-André** Ⓗ b2 auf. Reicher gotischer Skulpturenschmuck ziert ihr Südportal. Der frei stehende Turm **Pey Berland** wurde im 15. Jh. angefügt und besitzt eine Aussichtsplattform (Juni–Sept. tgl. 10–17.30 Uhr, Okt. bis Mai 10–12, 14–17 Uhr, 6 €).

Den spektakulären Bau des **Tribunal de Grande Instance** Ⓘ b2 stattete Stararchitekt Richard Rogers mit transparenter Glasfassade, offenen Treppenhäusern und sieben in das Bauwerk gestellten kegelförmigen Gerichtssälen aus.

Nördlich von St-André schildert das **Centre Jean Moulin** die Geschichte des Widerstands gegen die deutsche Besetzung (Place Jean Moulin, wegen Renovierung bis 2022 geschl.). Sehenswert sind auch die Werke von Tizian, Rubens und Delacroix im **Musée des Beaux-Arts** Ⓙ b2 (Mi–Mo 11–18 Uhr, www.musba-bordeaux.fr, 5 €).

Glas, Porzellan, Kunsthandwerk und Möbel des 18. und 19. Jhs. zeigt das **Musée des Arts Décoratifs et du Design (MADD)** Ⓚ b2 in einem alten Herrenhaus (39, rue Bouffard, Mi–Mo 11–18 Uhr, www.madd-bordeaux.fr, 5 €).

Die **Basilique St-Seurin** Ⓛ a1, älteste Kirche der Stadt, besitzt reiche Kunstschätze und eine Krypta aus dem 11. Jh. mit gallo-römischen und merowingischen Sarkophagen.

QUARTIER DES CHARTRONS Ⓜ

Ein beliebtes Fotomotiv ist die um eine 43 m hohe Denkmalsäule angelegte **Fontaine des Girondins** an der Esplanade des Quinconces. Einen Spitzenplatz unter den Foren für moderne Kunst in Frankreich nimmt das **Musée d'Art Contemporain (CAPC)** ein (7, rue Ferrère, Di–So 11–18, Mi bis 20 Uhr, www.capc-bordeaux.fr, 5 €).

CITÉ DU VIN Ⓝ

Die Cité du Vin ist eine Mischung aus Museum und Themenpark zum Thema Wein mit spektakulärer Architektur. Natürlich gibt es auch eine Weinbar und Workshops zur Verkostung (134, quai de Bacalan, tgl. 10–18 Uhr, www.laciteduvin.com).

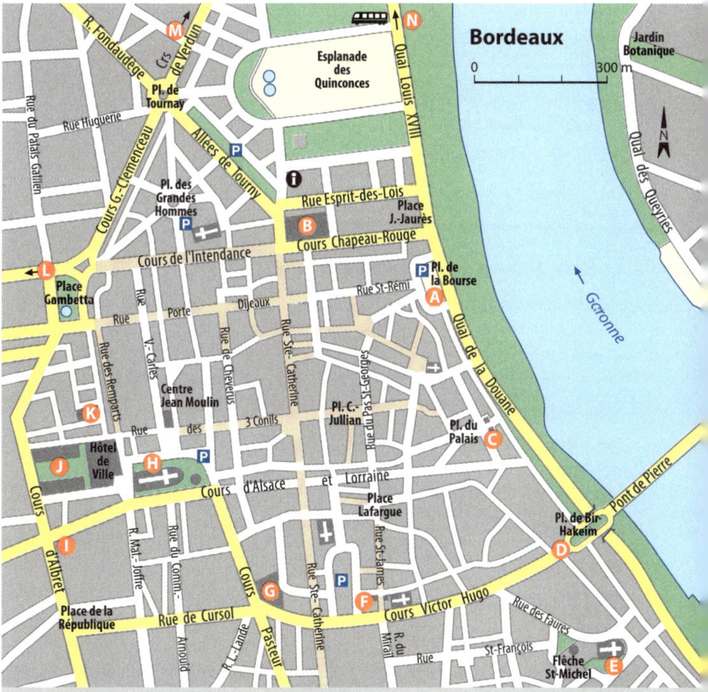

Ⓐ Place de la Bourse
Ⓑ Grand Théâtre
Ⓒ Porte Cailhau
Ⓓ Porte des Salinières
Ⓔ Basilique St-Michel
Ⓕ Grosse Cloche
Ⓖ Musée d'Aquitaine
Ⓗ Cathédrale St-André
Ⓘ Tribunal de Grande Instance
Ⓙ Musée des Beaux-Arts
Ⓚ MADD
Ⓛ Basilique St-Seurin
Ⓜ Quartier des Chartrons
Ⓝ Cité du Vin

Karte S. 133

INFOS

Office de Tourisme

- 12, cours 30 juillet | 33080 Bordeaux
  Tel. 05 56 00 66 00
  www.bordeaux-tourisme.com
- Sparen hilft der **Bordeaux City Pass** für 1, 2 oder 3 Tage (29/39/46 €). Er berechtigt zur freien Nutzung des öffentlichen Nahverkehrs und gewährt freien Eintritt zu 20 Museen und Sehenswürdigkeiten.

VERKEHRSMITTEL

- **Flughafen:** Aéroport de Bordeaux, 10 km westlich der Stadt (Infos unter www.bordeaux.aeroport.fr).
- **Bahn:** TGV-Bahnhof St-Jean, Rue Charles Domercq.
- **Busse** und **Straßenbahn** erschließen die Stadt (www.infotbc.com).

HOTELS

Konti €€

Stadtpalast des 18. Jh. in verkehrsberuhigter Straße nicht weit vom Grand Théâtre.

- 10, rue Montesquieu
  33000 Bordeaux | Tel. 05 56 52 66 00
  www.hotel-konti.com

Hôtel de Sèze €–€€

Angenehme Zimmer auf vier Etagen etwas nördlich des Altstadtkerns.

- 23, allée de Tourny | 33000 Bordeaux
  Tel. 05 56 14 16 16
  www.hotel-de-seze.com

RESTAURANTS

Le Pavillon des Boulevards €€€

Raffiniert verfeinerte Regionalküche mit Schwerpunkt auf Fisch und Meeresfrüchten; hervorragende Weinkarte.

- 120, rue Croix de Seguey
  33000 Bordeaux | Tel. 05 56 81 51 02
  www.lepavillondesboulevards.fr

Le Croc-Loup €€

Elegantes kleines Lokal nahe der Kathedrale, spezialisiert auf Fisch aus dem Becken von Arcachon.

- 35, rue du Loup | 33000 Bordeaux
  Tel. 05 56 44 21 19
  www.crocloup.fr

SHOPPING

Triangle d'Or, luxuriöses Boutiquenviertel zwischen Allées de Tourny, Cours de l'Intendance und Cours Clemenceau.

Marché des Capucins

Der sogenannte »Bauch von Bordeaux«. Di–So 6–14 Uhr.

- Place des Capucins | 33800 Bordeaux
  www.marchedescapucins.com

Marché des Quais

Verkostung von Austern und Weißwein. So 7–13 Uhr.

- Quai des Chartrons | 33000 Bordeaux

NIGHTLIFE

Bodéga Bodéga

Tapas-Bar im spanischen Stil, über der Bar hängen Schinken von der Decke.

- 4, rue des Piliers de Tutelle
  33000 Bordeaux | Tel. 05 56 01 24 24
  www.bodega-bodega.fr

ST-EMILION 18 ★ D6

Die Merlot-Rotweine dieser von Rebkulturen und einer alten Stadtmauer (13. Jh.) umrahmten Gemeinde (2400 Einw.) zählen zu den berühmtesten der Region. Die UNESCO ernannte den nahe der Dordogne gelegenen Ort samt seiner Weinlagen zum Weltkulturerbe. Mit der aus dem Kalkstein gehaue-

Den Übergang vom Hafen zur Altstadt von La Rochelle bildet die Porte de la Grosse-Horloge

nen **Eglise Monolithe** (8.–12. Jh.) besitzt St-Emilion zudem die größte Felsenkirche Frankreich (Führungen über Office de Tourisme). In einer weiteren Felshöhle soll der Einsiedler und Stadtgründer St-Emilion gelebt haben. > mehr S. 12 Punkt 3

INFO

Office de Tourisme

- Place des Créneaux
  33330 Saint-Emilion
  Tel. 05 57 55 28 28
  www.saint-emilion-tourisme.com

SHOPPING

Maison du Vin

Hervorragende Weinauswahl, kommentierte Verkostungen.

- Place Pierre Meyrat | 33330 St-Emilion
  Tel. 05 57 55 50 55
  www.maisonduvinsaintemilion.com

LA ROCHELLE 19 B2

Eine imponierende Festung am lebhaften, von Cafés und Restaurants gesäumten alten Hafen sowie von Arkaden begleitete Altstadtstraßen mit Fachwerkhäusern machen die Stadt (75 000 Einw.) sehenswert. Das Rathaus im Stil der Renaissance hat einen prächtigen Arkadenhof mit zwei spätgotischen Toren.

Meeresbewohner vom Hai bis zum Seepferdchen zeigt das große moderne **Aquarium** (Quai Prunier, Juli, Aug. tgl. 9–23, April–Juni, Sept. 9–20, Okt.–März 10–20 Uhr, www.aquarium-larochelle.com, 16,50 €). Zu den Schaustücken des **Musée Maritime** zählen acht ausgediente Schiffe (Place Moitessier, April bis Okt. tgl. 10–18.30 Uhr, www.museemaritimelarochelle.fr, 9 €).

Vom Hafen führt eine 32 m hohe Brücke zur vorgelagerten **Ile de Ré,** wo weiße Sandstrände und Wälder zum Baden, Wandern und Radfahren einladen.

HOTEL

St-Jean d'Acre €€

Helle, freundlich eingerichtete Zimmer mit Blick auf den alten Hafen.

- 4, pl. de la Chaîne
  17000 La Rochelle
  Tel. 05 46 41 73 33
  www.hotel-la-rochelle.com

GRATIS ENTDECKEN

- **Gratis-Stadttouren in Bayonne** kann man in orangeroten Kleinbussen mit Elektroantrieb unternehmen, den Navettes gratuites de Bayonne (www.bayonne.fr).
- An jedem ersten Sonntag im Monat ist der Eintritt in das **Château d'Annecy** umsonst. > S. 57.
- **Das Musée National Marc Chagall in Nizza** steht der Allgemeinheit an jedem 1. Sonntag im Monat kostenlos offen > S. 72.
- Der Eintritt in die berühmte, von Henri Matisse gestaltete **Chapelle du Rosaire in Vence** ist zu den üblichen Öffnungszeiten jederzeit umsonst > S. 74.
- Die meisten Städte haben **Touristenkarten,** mit denen Leistungen ermäßigt oder sogar kostenlos in Anspruch genommen werden können. In **Avignon** ist auch der Pass selbst umsonst > S. 93.

RESTAURANT

Christopher Coutanceau €€€

Äußerlich ist das Restaurant am Wasser kein Hingucker. Aber die künstlerisch drapierten Speisen überzeugen durch Qualität.

- Plage de la Concurrence
  17000 La Rochelle | Tel. 05 46 41 48 19
  www.coutanceaularochelle.com

ROCHEFORT 20 B2

Das ruhige Bad für Thermalkuren (26 000 Einw.) wurde von Colbert im Jahr 1666 als Reißbrettstadt und einer der größten Flottenstützpunkte des Landes geplant. In den 373 m langen Gebäuden der ehemaligen königlichen Seilereien befindet sich u. a. das **Centre International de la Mer** mit Ausstellungen zur Seefahrt (Rue J.-B. Audebert, Mai–Sept. tgl. 10–19 Uhr, sonst kürzer, www.corderie-royale.com, 10 €).

ROYAN 21 B3

Das Seebad (18 500 Einw.) wurde im Zweiten Weltkrieg fast völlig zerstört. Jachthäfen und ein Fischereihafen liegen nebeneinander. An der Küste erstreckt sich ein Belle-Époque-Viertel, das unversehrt geblieben ist. Bei einer Thalassotherapie können sich Stressgeplagte mit Meerwasserbehandlungen wieder in Form bringen lassen (www.thalazur.fr/royan/thalasso).

INFO

Royan Tourisme

- 1, bd. de la Grandière | 17200 Royan
  Tel. 05 46 08 17 50
  www.royanatlantique.fr

HOTEL

Hôtel les Bleuets €

Hotel an der Küste mit 16 einfachen, aber modern eingerichteten Zimmern.

- 21, façade de Foncillon | 17200 Royan
  Tel. 05 46 38 51 79
  www.hotel-les-bleuets.com

MIMIZAN-PLAGE 22 B8

Rings um den quirligen Badeort grünt das größte zusammenhängende Waldgebiet Europas. Hohe Atlantikwellen branden an die Silberküste, die sich fast 200 km weit von Arcachon im Norden bis nach Biarritz im Süden hinzieht. Dielentreppen führen im ehemaligen Fischerdorf über die Dünen zum feinen Sandstrand.

HOTEL

Airotel Camping Club Marina Landes €€

Hinter den Dünen in einen schattigen Pinienwald gebaute Bungalowanlage mit Bar-Restaurant, Supermarkt, Schwimmbad, Campingplatz, Fahrradvermietung und Internetzugang.

- Plages Sud | 40202 Mimizan-Plage
  Tel. 05 58 09 12 66
  www.camping-club-marina.com

BAYONNE 23 A10

Die Stadt (45 000 Einw.) liegt nur wenige Kilometer östlich der Küste am Zusammenfluss von Nive und Adour. Die Nive mit ihren malerischen Uferkais trennt die Altstadt mit der **Cathédrale Ste-Marie** und der alten Burg von der Neustadt Petit Bayonne weiter südlich. Wissenswertes über das baskische Erbe vermittelt das **Musée Basque** (Quai des Corsaires, April–Sept. Di–So 10–18.30, Juli, Aug. tgl., Okt.–März Di–Do 10–18 Uhr, www.musee-basque.com, 7, 50 €).

Bayonne war im Mittelalter eine wichtige Pilgerstation. Später gelangte die Stadt durch Schiffbau und Waffenherstellung zu Reichtum: Schmiede aus Bayonne erfanden im 17. Jh. das Bajonett.

INFO

Office de Tourisme

- Place des Basques
  64108 Bayonne
  Tel. 05 59 46 09 00
  www.bayonne-tourisme.com

HOTEL

Côte Basque €

Historisches Gebäude mit modernen Zimmern fast am Ufer des Adour.

- 2, rue Maubec | 64100 Bayonne
  Tel. 05 59 55 10 21
  www.hotel-cotebasque.fr

BIARRITZ 24 A10

Früher ein beliebtes Seebad der europäischen Aristokratie, ist die Stadt (25 000 Einw.) längst Ziel von Touristen aus aller Welt, die sich v. a. von der **Grand Plage** angezogen fühlen. Am berühmtesten Strand der Stadt, wo Napoleon III. 1855 das heutige **Hôtel du Palais** errichten ließ, mischen sich gebräunte Schönheiten in Designerbikinis mit Surfern in Neoprenanzügen. Das Stadtbild prägt eine architektonische Mischung aus Belle-Époque-

Biarritz ist berühmt für seine prächtigen Belle-Époque-Villen

Villen und rot-weißen Fachwerkhäusern. Im **Aquarium Biarritz/ Musée de la Mer** sieht man viele Arten von Meereslebewesen, Ausstellungen informieren über den kommerziellen Fischfang (Plateau de l'Atalaye, Juli, Aug. tgl. 9.30–22, sonst 9.30–19 Uhr, www.aquarium-biarritz.com, 15 €).

HOTEL

Hotel Au Bon Coin €–€€

Nettes kleines Hotel mit einfachen, aber hübsch gestalteten Zimmern in einer ruhigen Seitenstraße, freundliches Personal.

- 5, rue de la Cité | 64200 Biarritz
  Tel. 05 59 24 01 68
  www.auboncoin-biarritz.com

RESTAURANT

Chez Albert €€

Baskische Küche mit frischem Fisch und Meeresfrüchten am Fischereihafen.

- 51b, allée Port des Pêcheurs
  64200 Biarritz | Tel. 05 59 24 43 84
  www.chezalbert.fr

SHOPPING

Markthallen

Käse und lokale Delikatessen wie Bayonne-Schinken. Tgl. 7.30–14 Uhr.

- 11, rue des Halles | 64200 Biarritz
  www.halles-biarritz.fr

SAINTES 25 C3

Saintes (26 000 Einw.) war die gallo-römische Hauptstadt der Provinz Aquitanien. Aus dieser Zeit stammt das 20 000 Zuschauer fassende **Amphitheater** (Rue Lacurie, Mai–Sept. tgl. 10–19 Uhr, sonst kürzer, 5 €). Weitere römische Relikte bewahrt das **Musée Archéologique** (Espl. A. Malraux, April–Sept Di–Sa 10 bis 12.30, 13.30–18, So 14–18, sonst

Di–Sa 13.30–17 Uhr, 3 €). Die **Kirche St-Eutrope** (11./12. Jh.) mit romanischer Krypta weist die Stadt als Station am Jakobsweg aus. Einen Besuch lohnen auch die **Abbaye aux Dames** (11. Jh.), die **Eglise St-Pierre** und das **Musée Dupuy-Mestreau** mit einem Speisesaal der Marquise de Montespan, Mätresse von Louis XIV. (Rue Monconseil, geöffnet wie Archäologisches Museum, 3 €).

COGNAC 26 D3

In der Stadt des berühmten Weinbrands (19 000 Einw.) wurde König François I. geboren. Heute residiert im **Ancien Château** eine Weinbrennerei. Die großen Handels- und alten Fachwerkhäuser sowie das Tor **St-Jacques** (15. Jh.) prägen die Altstadt. Sehr schöne Gebäude säumen die **Rue Saulnier.** Ein Muss ist der Besuch im **Musée des Arts du Cognac,** das die Cognac-Herstellung erläutert (Juli, Aug. tgl. 11–18, Sept.–Juni Mi–Mo 14–18 Uhr, www.musees-cognac.fr, 5 €).

HOTEL

Les Pigeons Blancs €€

Charmantes, etwas außerhalb gelegenes Hotel in einer ehemaligen Poststation. Gute französische Küche im Restaurant.

- 110, rue Jules Brisson | 16100 Cognac
  Tel. 05 45 82 16 36
  www.pigeons-blancs.com

ANGOULÊME 27 E3

Die **Cathédrale St-Pierre** der Stadt (41 600 Einw.) glänzt mit dem wunderbaren mittelalterlichen Skulpturenschmuck ihrer Hauptfassade. Europäische Malerei seit dem 16. Jh., Waffen, Keramiken und archäologische Funde aus der Region besitzt das im einstigen Bischofssitz eingerichtete **Musée d'Angoulême** (1, rue Friedland, Mai–Sept. Di–So 10–18 Uhr, sonst kürzer, www.musee-angouleme.fr, 5 €).

In der **Cité International de la Bande Dessinée et de l'Image** entstand eine in Frankreich einmalige Comicausstellung (121, rue de Bordeaux, Di–Fr 10–18, Sa, So 14–18, Juli, Aug. jeweils bis 19 Uhr, www.citebd.org, 9 €).

HOTEL

Les Jardins de la Cathédrale €

Hübsches, liebevoll eingerichtetes Stadthaus aus dem 19. Jh. nahe dem Zentrum.

- 35, rue Waldeck Rousseau
  16000 Angoulême
  Tel. 05 45 22 59 87
  www.lesjardinsdelacathedrale.fr

LIMOGES 28 G3

Weltberühmt gemacht haben die als Bischofssitz gegründete Stadt (135 000 Einw.) kunstvolle Emailarbeiten und kostbares Porzellan. Beim Stadtbummel kann man sich in Dutzenden von Ateliers davon überzeugen, wie gut sich althergebrachte Traditionen mit moderner Kunst vereinbaren lassen. Die Geschichte der Porzellanherstellung dokumentiert das **Musée National Adrien Dubouché** (Place Winston Churchill, Mi–Mo 10–12.30, 14 bis 17.45 Uhr, www.musee-adriendubouche.fr, 7 €).

HOTEL

Inter-Hotel Atrium €€

70 modern und zweckdienlich eingerichtete Zimmer in Bahnhofsnähe.

- 22, allée de Seto | 87000 Limoges
  Tel. 05 55 10 75 75
  www.interhotel-atrium.com

PÉRIGUEUX 29 F5

Im Zentrum der Hauptstadt von Périgord (30 000 Einw.) dominiert die **Cathédrale St-Front.** 17 Glockentürme zieren Frankreichs größte, im 19. Jh. im neoromanischen Stil erbaute Kuppelkirche. Seit 1970 werden in Périgueux sämtliche französischen Briefmarken gedruckt. Bedeutsamer ist jedoch der Ruf der Stadt als Feinschmeckerparadies, der sich hauptsächlich auf zwei Produkte gründet: Gänseleber und schwarze Trüffeln.

HOTEL

Château des Reynats €€

Hübsches Schlösschen mit 24 Zimmern in einer gepflegten Parkanlage. Angeschlossenes Gourmetrestaurant **L'Oison.**

- 15, ave. des Reynats
  24650 Chancelade (nordwestl.)
  Tel. 05 53 03 53 59
  www.chateau-hotel-perigord.com

RESTAURANT

L'Essentiel €€€

Ob Austern oder Schweinefüße – sowohl exquisite wie deftige Speisen verdienen hier höchstes Lob. Das Restaurant hat seinen Michelin-Stern verdient.

- 8, rue de la Clarté | 24000 Périgueux
  Tel. 05 53 35 15 15
  www.restaurant-perigueux.com

LASCAUX 30 ★ G5

1940 entdeckten vier junge Männer eine Höhle, deren Wände mit faszinierenden altsteinzeitlichen Tierdarstellungen bedeckt waren. Die berühmten Höhlenmalereien sind seit 1963 nicht mehr zugänglich, da die Atemluft der Besucher die Kunstwerke zu zerstören begann. Seit 1983 existiert mit Lascaux II eine detailgetreue Nachbildung des Saales der Stiere, 2016 eröffnete Lascaux IV mit Kopien sämtlicher Kunstwerke aus der Höhle (bei Montignac, www.lascaux-dordogne.com, Juli tgl. 8–21, Aug. 8–21.30 Uhr, sonst kürzer, Anf. Jan.–Anf. Febr. geschl.; Lascaux II 14 €, Lascaux IV 20 €, Tickets am besten vorab reservieren unter www.lascaux.fr). › mehr S. 16 Punkt 28

SARLAT-LA-CANÉDA 31 G6

Den historische Kern des Orts im Périgord prägen schöne Renaissancegebäude aus gelbem Sandstein. In den engen Gassen und kleinen Höfen verbergen sich Restaurants und Cafés, in denen man die unvergleichliche Atmosphäre auf sich wirken lassen kann. Sarlat ist eine Hochburg kulinarischer Leckerbissen wie Trüffeln, Foie Gras und Gänsefleisch.

Samstags (8.30–18 Uhr) findet auf dem Hauptplatz von Sarlat einer der schönsten Märkte des Périgord statt, auf dem alle regionalen Spezialitäten angeboten werden.

HOTEL

Clos la Boëtie €€€

5-Sterne-Refugium, in dem Himmelbetten auf müde Gäste warten.

- 95–97, ave. de Selves
  24200 Sarlat-la-Canéda
  Tel. 05 53 31 50 00
  www.au-grand-hotel-de-sarlat.com

SHOPPING

Aux Armes du Périgord

Trüffeln, Foie Gras und Gänse-Confit.

- 1, rue de la Liberté
  24200 Sarlat-la-Canéda

LES EYZIES-DE-TAYAC 32 G6

Wegen der Vielzahl vorgeschichtlicher Grotten und archäologischer Funde aus der Altsteinzeit rechnet die UNESCO das Dorf am Zufluss der Dordogne zum Weltkulturerbe. Zu bewundern sind viele Funde im **Musée National de la Préhistoire** (Juni–Sept. Mi–Mo 9.30–18, sonst 9.30–12,30, 14–17.30, Juli, Aug. tgl. 9.30–18.30 Uhr, Uhr, www.musee-prehistoire-eyzies.fr, 6 €).

AUBRAC 33 L7

Der Aubrac ist das südlichste Vulkanmassiv der Auvergne. Kahle Weideflächen verleihen der Landschaft eigentümlichen Reiz. Hie und da sieht man noch herkömmliche *burons,* sommerliche Hirtenbehausungen aus grobem Bruchstein. Das gleichnamige Dorf ist eine bekannte Station am Jakobsweg.

RESTAURANT

Buron de la Sistre €€

Der Wirt demonstriert die Herstellung der regionalen Spezialität *aligot* aus Frischkäse, Sahne und Kartoffelpüree. Nur im Sommer, Reservierung obligatorisch.

- 12470 St-Chely d'Aubrac
  Tel. 05 65 44 26 46
  www.buron-en-aubrac.com/sistre.php

Die Cathédrale St-Sacerdos wacht über die Altstadt von Sarlat-la-Canéda

Pont Valentré in Cahors

ESPALION 34 L7

Ihre malerische Seite offenbart die Stadt (4600 Einw.) beim Blick über den Fluss Lot auf die Sandsteinbrücke, die Altstadt mit dem 1572 vollendeten Vieux Palais sowie die Gerberhäuser mit Holzbalkonen am Ufer. Die aus rotem Sandstein erbaute **Église de Perse** (11. Jh.) am Ortsrand ist ein Juwel romanischer Architektur mit Fresken, die aus dem 12. Jh. stammen.

CONQUES 35 K7

Der Ort verdankt seinen Ruhm einem Diebstahl. Ein Mönch hatte im 9. Jh. die Gebeine der hl. Fides aus Agen gestohlen und in die Abtei in der Ouche-Schlucht gebracht. Mit den Reliquien begann der Aufstieg des Ortes zu einer der bedeutendsten Wallfahrtsstätten Frankreichs. Seit dem 12. Jh. war er eine Station auf dem Jakobsweg. Das Tympanon über dem Westportal der Kirche **Ste-Foy** zeigt eine eindrucksvolle Darstellung des Jüngsten Gerichts. Heute ist Conques ein Touristenzentrum, das seine Anziehungskraft hauptsächlich aus dem von grauen Schieferdächern geprägten harmonischen Stadtbild bezieht.

HOTEL

Hôtel Ste-Foy €€–€€€

Romantisches Haus aus dem 17. Jh. für anspruchsvolle Gäste.

- Rue Gonzague Florens | 12320 Conques
  Tel. 05 65 69 84 03
  www.hotelsaintefoy.com

RESTAURANT

Auberge St-Jacques €€–€€€

Ein ausgezeichnetes Hotelrestaurant: Gourmetmenüs in rustikalem Ambiente.

- Rue Gonzague Florent | 12320 Conques
  Tel. 05 65 72 86 36
  www.aubergestjacques.fr

FIGEAC 36 J7

Die idyllische Altstadt von Figeac ist reich an mittelalterlichen Bürgerhäusern und Stadtpalästen. Das **Hôtel de la Monnaie** aus dem 13. Jh. beherbergt das heimatkundliche **Musée du Vieux Figeac** (Juli, Aug. 14.30–18.30 Uhr, 3,50 €). Das **Musée Champollion** ist dem Ägyptologen und Entdecker der Hieroglyphenschrift gewidmet, der in Figeac geboren wurde (Juli, Aug. tgl. 10.30–18 Uhr, April–Juni und Sept.,

Okt. 10.30–12.30, 14–18, Nov.–März 14–17.30 Uhr, 5 €). Romanische und gotische Stilelemente vereint die Abteikirche **St-Sauveur.**

CAHORS 37 H7

Die Stadt (20 000 Einw.) liegt malerisch in einer Schleife des Lot. Aus dem 14. Jh. stammt die Wehrbrücke **Pont Valentré** mit ihren drei befestigten Türmen und den mit spitzen Bastionen bewehrten Pfeilern. Sie zählt zum Weltkulturerbe der UNESCO, ebenso wie die Kathedrale **St-Etienne,** an der vom 11. bis 18. Jh. gearbeitet wurde. Der reiche Kirchenschatz umfasst Goldschmiedearbeiten, Bildteppiche und Reliquienschreine. Zu den schönsten Gebäuden der Altstadt zählt das **Hôtel Roaldès,** in dem zeitweilig Henri IV. logierte.

HOTEL

Château de Mercuès €€€

Schlosshotel mit 24 Zimmern und 6 Suiten in schöner Lage über dem Lot-Tal; großer Pool, Tennisplätze, stilvolles Restaurant.

- 46090 Mercuès (10 km nordwestlich)
  Tel. 05 65 20 00 01
  www.chateaudemercues.com

MONTAUBAN 38 G9

Wie andere Städte der Region weist auch Montauban (56 000 Einw.) eine markante Backsteinarchitektur auf. Einziges nicht aus roten Ziegelsteinen errichtetes Bauwerk im historischen Kern ist die weiße **Cathédrale Notre Dame** (17. Jh.). Im früheren Bischofspalast beschäftigt sich das **Musée Ingres** mit Leben und Werk des Malers Jean Auguste Dominique Ingres, der einen Großteil seiner Werke seiner Heimatstadt vermachte (19, rue de l'Hôtel de Ville, wegen Renovierungsarbeiten bis Ende 2019 geschl., www.museeingres.montauban.com).

HOTEL

Hôtel du Commerce €€

Hotel der Logis-Kette in einem Bau des 18. Jhs. mit 27 freundlichen Zimmern.

- 9, pl. F. Roosevelt | 82000 Montauban
  Tel. 05 63 66 31 32
  www.hotel-commerce-montauban.com

RESTAURANT

Au Fil de l'Eau €–€€

Regionale Küche in entspanntem Ambiente. Der Chef de cuisine ist stolz auf sein Cassoulet und sein Trüffelomelett.

- 14, quai du Dr. Lafforgue
  Tel. 05 63 66 11 85
  www.aufildeleau82.com

TOULOUSE 39 ★ G/H10

Da es bei Toulouse (466 000 Einw.) keine Steinbrüche gibt, baute man die Stadt mit Ziegelsteinen, gebrannt aus dem Schlick der Garonne – daher der Beiname »Ville rose«, rosarote Stadt. Der Handel mit Pastell schuf seit dem 15. Jh. großen Wohlstand, und noch heute zeugen prächtige Wohnhäuser vom Reichtum der »Pastellprinzen« genannten Händler. Mit der Einfuhr von billigem Indigo nahm der Aufschwung im 16. Jh. jedoch ein jähes Ende. Die Stadt sollte sich davon lange Zeit nicht erholen. Erst in den

Karte S. 145

letzten Jahrzehnten besann sich Toulouse auf seine erstrangigen Universitäten und wurde zu einem bedeutenden Standort u. a. der Luft- und Raumfahrtindustrie.

DAS ALTE TOULOUSE

Die von Cafés gesäumte, zentrale **Place du Capitole** Ⓐ trägt ihren Namen nach den Stadtherren, den *capitouls*, die ab dem 13. Jh. die Geschicke von Toulouse bestimmten. Das Geviert wird von der klassizistischen, mit ionischen Pilastern aufgelockerten Fassade des **Rathauses** (18. Jh.) dominiert.

Wenige Straßen weiter nördlich steht mit der Basilika **St-Sernin** Ⓑ eine der berühmten Pilgerkirchen am Weg nach Santiago di Compostela. Frankreichs größtes romanisches Gotteshaus (115 m × 64 m) mit dem auffälligen achteckigen Glockenturm wurde um 1080 über dem Grab des Märtyrers Saturninus, des ersten Bischofs von Toulouse, errichtet.

Im 13. Jh. begannen die Bauarbeiten an der **Eglise des Jacobins** Ⓒ. Die wie Palmwedel gestalteten Innenpfeiler aus zweifarbigen Ziegelsteinen kontrastieren mit dem strengen Äußeren des Baus.

Zu Reichtum gekommene Farbhändler errichteten im 16. Jh. aufwändige Stadtpaläste im Stil der Renaissance. Den Glanz jener Epoche spiegeln das **Hôtel Bernuy** Ⓓ, das **Hôtel Assézat** Ⓔ mit der Kunstsammlung Bemberg (Di–So 10 bis 12.30, 13.30–18, Do bis 20.30 Uhr, www.fondation-bemberg.fr, 7 €) und das **Hôtel de Clary** Ⓕ.

ENTLANG DER RUE DU METZ

Über den rundbogigen Pont Neuf am westlichen Ende der Rue de Metz erreicht man den 1823 erbauten, früheren Wasserturm mit der **Galerie du Château d'Eau** Ⓖ. Hier

AIRBUS & CO.

Mit der Ära der Luftfahrt begann für Toulouse die Moderne. 1919 setzte die Gründung der Flugzeugfabrik **Aérospatiale** Zeichen. Typen wie Concorde und Airbus rollten seitdem aus den Produktionshallen, die man auf Werksführungen besichtigen kann (drei Touren, Dauer jeweils 90 Min., tgl. außer So, Ausweispflicht, obligatorische Reservierungen unter reservation@manatour.fr, www.manatour.fr, 15,50 €).

Auch der Themenpark **Cité de l'Espace** beschäftigt sich mit Luft- und Raumfahrt. Ausstellungen, ein Planetarium und interaktive Einrichtungen vermitteln Wissenswertes über das Sonnensystem, über Satelliten und neueste Weltraumprojekte (Parc de la Plaine, wechselnde Öffnungszeiten s. Webseite, www.cite-espace.com, 21 €).

Neueste Errungenschaft ist das riesige Aeronautikmuseum **Aeroscopia** mit sämtlichen Flugzeugtypen vor Beginn der Airbus-Produktionen (6, rue Roger Béteille, tgl. 9.30–18 Uhr, www.musee-aeroscopia.fr, 12,50 €).

stellen renommierte Fotografen aus (1, pl. Laganne, Di–So 13–19 Uhr, www.galeriechateaudeau.org, 4 €).

Erholung vom Kunstgenuss bietet im Anschluss ein Bummel entlang der attraktiven Uferpromenade, die die Garonne bis zum Pont St-Pierre begleitet.

Kunstfreunde führt der Weg nun zum **Musée des Augustins** H mit einer wertvollen Sammlung romanischer Skulpturen (21, rue de Metz, Mi–Mo 10–18, Mi 10–21 Uhr, www.augustins.org, 4 €). Im selben Gebäude zeigt das **Musée des Beaux Arts** Werke von Delacroix, Corot, Courbet, Monet und Toulouse-Lautrec (gleiche Öffnungszeiten).

Die **Cathédrale St-Etienne** I, mit ihren massiven Pfeilern und wuchtigen Gewölben ein Paradebeispiel französischer Romanik, weist infolge späterer Umbauten Stilmerkmale unterschiedlicher Epochen auf. Im Kirchenschiff fallen neben dem Hochaltar das Chorgestühl, die wertvollen Wandbehänge und die Orgel ins Auge.

A Place du Capitole
B St-Sernin
C Eglise des Jacobins
D Hôtel Bernuy
E Hôtel Assézat
F Hôtel de Clary
G Galerie du Château d'Eau
H Musée des Augustins
I Cathédrale St-Etienne

INFO

Office de Tourisme

- Donjon du Capitole | Square Charles de Gaulle | 31080 Toulouse
Tel. 05 40 13 15 31
www.toulouse-tourismus.de

VERKEHRSMITTEL

- **Flugzeug:** Aéroport Toulouse-Blagnac (ca. 11 km außerhalb, Infos unter www.toulouse.aeroport.fr).
- **Bahn:** Gare de Toulouse Matabiau (64, bd. Sémard, Fahrpläne und Preise unter www.sncf.com/de).
- **Bus:** Fernbusse starten von der Gare Routièr, 68–70, bd. Pierre Sémard.
- **Stadtverkehr:** Metro mit 2, S-Bahn mit 3 Linien. Das neue Straßenbahnnetz hat eine Länge von 11 km (www.tisseo.fr).

HOTELS

Hôtel de la Garonne €€€

Historischer, geschmackvoll modernisierter Bau im Herzen der Altstadt, nicht weit vom Ufer der Garonne. 14 ruhige Zimmer.

- 22, descente de la Halle aux Poissons
31000 Toulouse | Tel. 05 34 31 94 80
www.leboutiquehotelgaronne.com

Hotel Royal Wilson €€

Schönes Altstadthaus mit Innenhof und südländischem Flair.

- 6, rue Labéda | 31000 Toulouse
Tel. 05 61 12 41 41
www.hotelroyalwilson-toulouse.com

RESTAURANTS

Brasserie des Beaux-Arts €€

Wunderschönes Jugendstillokal mit abwechslungsreicher Karte, viel Seafood.

- 1, quai de la Daurade
31000 Toulouse | Tel. 05 61 21 12 12
www.brasserielesbeauxarts.com

La Gourmandine €–€€

Vielfach gelobt für gute regionale Spezialitäten wie Cassoulet, aber auch Tapas.

- 15–17, pl. Victor Hugo
31000 Toulouse | Tel. 05 61 22 78 84
www.la-gourmandine.fr

MOISSAC 40 G8

Liebhaber romanischer Architektur sollten das Städtchen (12 000 Einw.) am Zusammenfluss von Tarn und Garonne nicht auslassen. Reicher Skulpturenschmuck ziert den Kreuzgang der Abteikirche **St-Pierre.** Das Südportal der Kirche zählt zu den Hauptwerken romanischer Steinmetzkunst in Europa (Juli, Aug. tgl. 9–19 Uhr, sonst kürzer, 5 €).

AGEN 41 F8

Schöne Bürgerhäuser (16.–18. Jh.) säumen die Straßen, besonders die von Fachwerkhäusern flankierte Rue Beauville und die Ruelle des Juifs in der Altstadt. Sehenswert sind die im 11. Jh. begonnene **Cathédrale St-Caprais** und die **Markthalle** an der Place des Laitiers. Dort werden auch die getrockneten Pflaumen verkauft, für die Agen berühmt ist – mit edler Bitterschokolade umhüllt oder in Armagnac eingelegt.

HOTEL

Le Provence €–€€

Nettes kleines Hotel mit 20 klimatisierten Zimmern in ruhiger Zentrumslage, Parkmöglichkeit vis-à-vis.

- 22, cours 14 juillet | 47000 Agen
Tel. 05 53 47 39 11
www.hotelleprovence-agen.com

EXTRA-TOUREN

Überall in Lyon schmücken Wandmalereien die Hausfassaden, besonders konzentriert im Musée Urbain Tony Garnier

TOUR 17

GROSSE SÜDFRANKREICH-RUNDFAHRT

ROUTE: Lyon > Mont Ventoux > Avignon > Aix-en-Provence > Marseille > Arles > Nîmes / Pont du Gard > Narbonne > Carcassonne > Toulouse > Bordeaux > La Rochelle > Limoges > Lyon

KARTE: Faltkarte
DISTANZEN: ca. 2000 km; 3 Wochen. **Lyon** > **Avignon** 340 km; **Avignon** > **Marseille** 115 km; **Marseille** > **Toulouse** 440 km; **Toulouse** > **Bordeaux** 250 km; **Bordeaux** > **La Rochelle** 180 km; **La Rochelle** > **Lyon** 630 km.
VERKEHRSMITTEL: Am einfachsten lässt sich die Tour per Pkw unternehmen. Alternativ bietet sich eine Bahnreise von Lyon über Aix-en-Provence, Marseille, Nîmes, Toulouse und Bordeaux bis nach La Rochelle an. Von dort gelangt man mit dem (reservierungspflichtigen) TGV in etwa 6 Std. zurück nach Lyon.

Der Wochenmarkt in Aix-en-Provence zählt zu den schönsten in der Provence

Lyon › S. 86 ist ein günstiger Ausgangspunkt für eine Rundfahrt durch das südliche Frankreich. Über den einsam aufragenden **Mont Ventoux** › S. 92 fährt man zunächst ins Herz der Provence, wo man mit **Avignon** › S. 93 und **Aix-en-Provence** › S. 94 zwei der bedeutendsten Städte dieser Region kennenlernt. Nächstes Ziel ist **Marseille** › S. 96, das mit einer umfassenden Altstadtsanierung und neuen attraktiven Sehenswürdigkeiten erfolgreich sein früheres Negativimage vergessen macht. Ein Publikumsmagnet ist das Museum der Zivilisationen Europas und des Mittelmeers (MuCem), das die alte Idee der Mittelmeerunion wieder aufleben lässt. Das neue Geschäftsviertel Euroméditerranée zählt zu den größten Stadtentwicklungsprojekten Westeuropas. In **Arles** › S. 98 ist zwischen römischen Ruinen, Museen und farbenfrohen Märkten die unbeschwerte Atmosphäre der Camargue zu spüren, während **Nîmes** › S. 99 seine antiken Preziosen ebenso mit distanziertem Stolz präsentiert wie seine modernen Errungenschaften.

An den langen Sandstränden des Golfe du Lion entlang geht es nun nach **Narbonne** › S. 112, wo man sich vom Mittelmeer verabschiedet, um landeinwärts über das mittelalterliche **Carcassonne** › S. 113 in die dynamische Metropole **Toulouse** › S. 143 zu fahren. Deren schönen Altstadtkern erkundet man am besten gegen Abend, wenn die untergehende Sonne die Backsteinbauten in warmem Rosa erstrahlen lässt. In **Bordeaux** › S. 131 zeugen stolze Stadtpaläste vom Reichtum der Weinhändler. Das historische Zentrum ist als »außergewöhnliches urbanes und architektonisches Ensemble aus der Zeit der Aufklärung« seit 2007 UNESCO-Weltkulturerbe. Maritime Atmosphäre strahlt die hübsche Hafenstadt **La Rochelle** › S. 135 aus, nach deren Besuch man der Porzellanhochburg **Limoges** › S. 139 eine Stippvisite abstattet, ehe es durch die grüne Auvergne nach **Lyon** zurückgeht.

TOUR 18

VON DER RIVIERA IN DIE PYRENÄEN

ROUTE: Nizza › Cannes › St-Tropez › Marseille › Arles › Nîmes › Sète › Cap d'Agde › Narbonne › Perpignan

KARTE: Faltkarte
DISTANZEN: ca. 700 km, 1 Woche. **Nizza** › **St-Tropez** 120 km; **St-Tropez** › **Marseille** 170 km; **Marseille** › **Narbonne** 290 km; **Narbonne** › **Perpignan** 70 km.
VERKEHRSMITTEL: Alternativ zum Auto kann man diese Küstenreise auch mit dem Zug unternehmen. St-Tropez ist von Nizza aus mit dem Bus erreichbar.

Von **Nizza** › S. 70 führt die Tour an der Mittelmeerküste entlang bis nach **Perpignan** › S. 119 am Fuß der Pyrenäen. Als erstes Etappenziel wird das glamouröse **Cannes** › S. 75 mit seiner palmengesäumten Meerpromenade angesteuert. Nächster Stopp ist der High Society-Treff **St-Tropez** › S. 78 mit seinem berühmten Jachthafen und den vielleicht noch berühmteren Stränden, an denen der internationale Jetset bei Austern und Champagner vom Nichtstun ausspannt.

Über hübsche Küstenstädte und die fjordartigen Calanques westlich von **Cassis** › S. 79 geht es in die Hafenstadt **Marseille** › S. 96, in deren Zentrum der malerische Vieux Port neben Fischern und Fischhändlern auch Touristen anzieht, die pulsierende Großstadt-Atmosphäre schnuppern möchten. **Arles** › S. 98 ist zwar viel kleiner, dank seines römischen Erbes, der grandiosen Eglise St-Trophîme, stimmungsvollen Gassen und netten Restaurants aber ebenfalls ein Publikumsmagnet. Außerdem eignet sich die Stadt als Ausgangspunkt für Ausflüge in die faszinierende Sumpflandschaft der **Camargue** › S. 101. Auch in **Nîmes** › S. 99 und Umgebung ist die römische Vergangenheit mit Monumentalbauten wie der Arena, der Maison Carrée und dem **Pont du Gard** › S. 100 noch präsent.

In **Sète** › S. 111 lohnt der lebendige Fischereihafen einen Besuch, hier sollte man in einem der vielen guten Restaurants frische Meeresfrüchte bestellen. Bei **Cap d'Agde** › S. 111 erreicht man die Badeküste von Languedoc-Roussillon mit endlos scheinenden Stränden, von denen man Abstecher in sehenswerte Städte wie **Narbonne** › S. 112 oder **Perpignan** › S. 119 unternehmen kann.

TOUR 19

AUF DEM JAKOBSWEG

ROUTE: Le Puy-en-Velay › Aubrac › Espalion › Conques › Figeac › Cahors › Moissac › Agen › Condom › Dax › Bayonne

KARTE: Faltkarte

DISTANZEN: ca. 640 km; 3–4 Tage. **Le Puy-en-Velay** › **Espalion** 150 km; **Espalion** › **Cahors** 140 km; **Cahors** › **Condom** 150 km; **Condom** › **Bayonne** 200 km.

VERKEHRSMITTEL: Am einfachsten lässt sich die Tour mit dem eigenen Fahrzeug unternehmen, weil in Gegenden wie dem Aubrac öffentliche Verkehrsmittel rar sind. Andererseits wird gerade dort die reizvolle Landschaft von zahlreichen lohnenden Wanderwegen erschlossen.

In der Kathedrale in **Le Puy-en-Velay** › S. 90 gibt es einen Altar, auf dem Pilger Zettel mit ihren Wünschen für die bevorstehende Reise auf dem Jakobsweg hinterlassen. Von dem Auvergne-Städtchen führt der Weg für Autotouristen ebenso wie für Wanderpilger über das raue Hochland von **Aubrac** und die malerisch am Ufer des Flüsschens Lot gelegenen Städte **Espalion** › S. 142 und **Estaing** in die versteckt gelegene Gemeinde **Conques** › S. 142, die ihre Attraktivität nicht nur ihrer Wallfahrtsstätte, sondern auch ihrem sehenswerten Ambiente verdankt. Über **Figeac** › S. 142 mit seiner wunderschönen mittelalterlichen Altstadt gelangt man nach **Cahors** › S. 143, wo eine außergewöhnliche siebenbogige Wehrbrücke den Fluss Lot überspannt. Inmitten von Obstgärten und Rebkulturen liegt **Moissac** › S. 146 mit seiner Abteikirche, deren früheste Teile heute noch von der Baukunst des Mittelalters zeugen. Die Skulpturen am Portal und im Kreuzgang gelten als Glanzstücke romanischer Bildhauerei. Auch die Kathedralen in **Agen** › S. 146 und in **Condom** stellen das Können mittelalterlicher Baumeister eindrucksvoll unter Beweis. Mit **Dax** › S. 31 erreicht man ein bekanntes Thermalbad, in dessen Hinterland sich der größte Pinienwaldgürtel Europas erstreckt. Von hier ist es nur noch ein Katzensprung bis zur baskischen Metropole **Bayonne** › S. 137 mit ihren charakteristischen roten Fachwerkhäusern in der Altstadt.

Die Kapelle St-Michel-d'Aiguilhe thront auf einer Felsnadel hoch über Le Puy-en-Velay

INFOS VON A–Z

ÄRZTLICHE VERSORGUNG

Mit der Europäischen Krankenversicherungskarte (EHIC) kann man in Frankreich einen Arzt aufsuchen, ohne zuvor Kontakt mit einer Krankenkasse aufnehmen zu müssen. Die Kosten sind in der Regel vorzustrecken, werden gegen Vorlage einer Quittung *(feuille de soins)* aber nach Rückkehr erstattet. Da die EHIC aber nur eine Grundversorgung abdeckt und im Notfall keinen Krankenrücktransport gewährleistet, sollte man zusätzlich eine private Reisekrankenversicherung abschließen.

Notdienste *(permanences)* von Apotheken *(pharmacies)* und Ärzten erfährt man aus der Lokalpresse; die Adresse der jeweiligen Notfallapotheke *(pharmacie de garde)* hängt in den Schaufenstern aus.

BARRIEREFREIES REISEN

Das Gütesiegel »Tourisme et handicap«, eine freiwillige Zertifizierung, dient dazu, Reisenden mit Handicap verlässliche und einheitliche Infomationen über die Barrierefreiheit von Hotels, Restaurants und Attraktionen zu bieten. Mehr Infos unter www.tourisme-handicaps.org.

DIPLOMATISCHE VERTRETUNGEN

Deutschland (Generalkonsulate):

- 10, pl. de la Joliette, Les Docks, Hôtel de Direction, 1er étage 13002 Marseille, Tel. 04 91 16 75 20, www.marseille.diplo.de
- 33, bd. des Belges, 69006 Lyon, Tel. 04 72 69 98 98, www.lyon.diplo.de
- 35, cours de Verdun, 33000 Bordeaux, Tel. 05 56 17 12 22, www.bordeaux.diplo.de

Österreich (Honorarkonsulate):

- 10, rue Stanislas Torrents, 13006 Marseille, Tel. 642 14 85 88, consul@oehk-marseille.org
- 88, quai de Bacalan, 33300 Bordeaux, Tel. 05 56 00 00 70, bordeaux@borie-manoux.fr
- 5, rue de la Préfecture, 06300 Nizza, Tel. 04 93 87 01 31, consulat.autriche@wanadoo.fr
- 1149 La Pyrénéenne, Immeuble Innopolis A, 31670 Labege, Tel. 06 50 90 06 89, consulat.autriche.toulouse@gmail.com

Schweiz (Generalkonsulate):

- 7, rue d'Arcole, 13006 Marseille, Tel. 04 96 10 14 10, www.eda.admin.ch/marseille
- 4, pl. Charles Hernu, Immeuble Le Colysée, 69100 Villeurbanne (Lyon), Tel. 04 72 75 79 10, www.eda.admin.ch/lyon

EINREISE

Trotz abgeschaffter Grenzkontrollen sollten Bürger aus den Mitgliedsstaaten der EU und der Schweiz einen gültigen Personalausweis bzw. Reisepass bei sich haben. Auch Kinder müssen seit 2012 ein eigenes Reisedokument vorweisen. Für Autofahrer reichen der nationale Führerschein und die Zulassung.

ELEKTRIZITÄT

Die Netzspannung beträgt fast immer 220 V, selten noch 110 V. Wer Geräte mit Schukostecker (Rundstecker mit zwei runden Kontakten und zwei seitlichen Kontaktblechen) betreiben will, benötigt eventuell einen Zwischenstecker.

FEIERTAGE

- 1. Januar: Jour de l'An (Neujahrstag)
- März: Vendredi Saint (Karfreitag), Lundi de Pâques (Ostermontag)
- 1. Mai: Fête du Travail (Tag der Arbeit)
- 8. Mai: Fête de la Victoire (Ende des Zweiten Weltkriegs)

- 40 Tage nach Ostern: Ascension (Christi Himmelfahrt)
- 50 Tage nach Ostern: Lundi de Pentecôte (Pfingstmontag)
- 14. Juli: Fête Nationale de la France (Nationalfeiertag)
- 15. August: Assomption (Mariä Himmelfahrt)
- 1. November: Toussaint (Allerheiligen)
- 11. November: Armistice (Waffenstillstand 1918)
- 25. Dezember: Noël (Weihnachten)

GELD

Kreditkarten, insbesondere MasterCard und Visa, werden von den meisten Hotels, Restaurants und Geschäften akzeptiert. Bargeld lässt sich an Geldautomaten mit Bank- oder Kreditkarte abheben, hierfür können Gebühren anfallen, über die die kartenausgebende Bank informiert. Sperrnummer für verlorene Bank- oder Kreditkarten: Tel. 0049/116 116.

HAUSTIERE

Tiere benötigen zur Einreise einen EU-Heimtierpass, in dem eine gültige Tollwutimpfung (Erstimpfung mindestens 21 Tage vor Grenzübertritt) eingetragen ist. Das Tier muss zudem mit Mikrochip gekennzeichnet sein – eine Tätowierung wird nicht mehr anerkannt.

INFORMATIONEN

Auskünfte und Prospekte bekommt man bei den Filialen der Französischen Zentrale für Tourismus ATOUT FRANCE (in Deutschland und Österreich kein Publikumsverkehr):

- **Deutschland:** Postfach 100128, 60001 Frankfurt/Main, Fax 069/74 55 56, info.de@france.fr, www.de.france.fr
- **Österreich:** A-1010 Wien, Fax 00 43 15 03 28 72, info.at@france.fr, www.at.france.fr
- **Schweiz:** Rennweg 42, 8021 Zürich, Tel. 044/217 46 00, Fax 217 46 17, info.ch@atout-france.fr, www.ch.france.fr
- **in Frankreich:** Auch die Regionen, Départements und Städte verfügen über eigene Tourismusbüros (nähere Angaben im Reiseteil bei den jeweiligen Zielen), die bei der Zimmersuche helfen, lokale Feste empfehlen etc.

INTERNET

Die meisten Hotels bieten ihren Gästen Zugang zum Internet, gratis oder gegen Gebühr. Auch in vielen Cafés, Restaurants und Filialen von Fast-Food-Ketten gibt es kostenfreies WLAN (franz.: Wifi), ebenso in den Tourismusbüros. Günstig mobil surfen kann man mit einer lokalen Prepaid-Karte.

NOTRUF

- Euro-Notruf: 0033-112 (Polizei, Notarzt und Feuerwehr)
- Seenot-Rettung: 1616
- Pannenhilfe (AIT-Assistance) 24 Std.: Tel. 08 00 08 92 22; die Autobahngesellschaften bieten einen eigenen Pannenservice (www.autoroutes.fr), Notruftelefone finden sich in regelmäßigen Abständen an der Fahrbahn.
- ADAC-Pannenhilfe im Ausland 24 Std.: Tel. 00 49 89 22 22 22

URLAUBSKASSE

• Tasse Kaffee	2–3,50 €
• Softdrink	3–4 €
• Glas Bier	3–4,50 €
• Snack	5–7 €
• Kugel Eis	2–3 €
• Taxifahrt/km (zzgl. Grundpreis 1,80 €)	1,60 €
• Mietwagen/Tag (Hochsaison)	65 €
• 1 l Superbenzin	ca. 1,45 €

ÖFFNUNGSZEITEN

- **Banken:** Mo–Fr 9–12, 14–16 Uhr, Sa und häufig auch Mo geschlossen.
- **Geschäfte und Apotheken:** Mo–Sa 9–12, 14–19 Uhr. Große Supermärkte schließen häufig erst um 20 oder 21 Uhr. Viele kleinere Geschäfte wie z. B. Bäckereien sind am Montag ganztags oder vormittags geschlossen. Dafür kann man sich am Sonntagmorgen mit ofenfrischen Croissants und Baguettes versorgen.
- **Postämter:** in Städten Mo–Fr 9–19 Uhr, in kleineren Ortschaften Mo–Fr 8–12, 14–18.30 Uhr) sowie Sa bis 12 Uhr. Briefmarken *(timbres)* sind auch im Zigarettenladen *(Tabac)* oder in Bars mit Zigarettenverkauf *(Bar-Tabac)* erhältlich.
- **Museen:** Die meisten staatlichen Museen haben entweder Mo oder Di geschlossen.

POST

Postkarten und Briefe in Länder der EU und in die Schweiz müssen mit 1,20 € frankiert werden. Die gelben Briefkästen haben meist zwei Einwurfschlitze: einen für die Stadt, in der man sich befindet, und einen für andere Bestimmungsorte *(autres destinations)*.

RAUCHEN

In Cafés, Restaurants, Bars und Diskotheken sowie in allen öffentlichen Gebäuden ist das Rauchen untersagt, inzwischen auch in vielen städtischen Parks.

SICHERHEIT

Autodiebstähle sind in Südfrankreich verbreitet. Man sollte den Pkw auf bewachten Parkplätzen abstellen und keine Wertsachen darin zurücklassen. Mit Wohnmobilen sollten Campingplätze angesteuert werden, von Übernachtungen auf Autobahnrastplätzen, v. a. Richtung Spanien, ist abzuraten.

SOUVENIRS

Beliebt sind Töpferwaren und Baumwolldrucke aus der Provence, baskisches Leinen, Seidenstoffe aus Lyon oder Glaswaren aus Biot, auch Parfüms aus Grasse, Seifen aus Marseille sowie Porzellan aus Limoges. Groß ist auch die Auswahl an kulinarischen Souvenirs, sie reicht von Bayonner Schinken und Pasteten aus dem Périgord über Honig und Kräuter aus der Provence bis zu Cognac und den hervorragenden Bordeaux-Weinen.

TELEFON

Die meisten Telefonzellen sind mittlerweile auf Telefonkarten umgestellt worden. Die *télécarte* ist in Tabakläden und bei der Post erhältlich. In vielen Zellen kann man sich unter der angezeigten Nummer zurückrufen lassen.

Die Roaminggebühren innerhalb der EU wurden 2017 abgeschafft; telefonieren, simsen und surfen kostet genauso viel wie zu Hause. Mit Apps wie Skype oder WhatsApp kann man aus einem WLAN-Netz heraus gratis Gespräche führen.

Internationale Vorwahlnummern:

- Deutschland: 00 49
- Österreich: 00 43
- Schweiz: 00 41
- nach Frankreich: 00 33
- nach Monaco: 00 377

TRINKGELD

Trinkgeld *(pourboire)* legt man einfach auf den Tisch. Im Restaurant sind 10 % des Rechnungsbetrages angemessen.

ZOLL

EU-Bürger können Waren für den persönlichen Gebrauch in unbegrenzter Menge mitnehmen. Schweizer dürfen maximal 250 Zigaretten oder 250 g Tabak, 5 l Alkoholika bis 18 Vol.-% und 1 l über 18 Vol.-% sowie 50 g Parfüm oder 250 ml Eau de Toilette ein- bzw. ausführen. Nähere Infos unter www.ezv.admin.ch.

REGISTER

BILDNACHWEIS

Coverfoto Wildziegen, Schlucht von Verdon, Provence-Alpes-Côte D'Azur, Frankreich © Lookphotos/Siering, Martin
Fotos Umschlagrückseite Shutterstock/Chica, Jon (links); laif/hemis/Moirenc, Camille (Mitte); Shutterstock/Telly (rechts)

Brunswig, Muriel: 28, 29; Catch-the-Day/Braunger, Manfred: 8 o., 61, 69, 118, 124, 135; Fotolia/bacalao: 30; Fotolia/Graille, Philippe: 142; Fotolia/oscity: 151; Getty Images/Moirenc, Camille: 9; imago/PanoramiC: 45; laif/Amiel, Jean-Claude: 19; laif/Haidinger, Robert: 147; laif/hemis.fr/Azam, Jean-Paul: 110; laif/hemis.fr/Barrere, Jean-Marc: 15; laif/hemis.fr/Cavalier, Michel: 20/21; laif/hemis.fr/Cintract, Romain: 148; laif/hemis.fr/Frumm, John: 92; laif/hemis.fr/Hauser, Patrice: 127; laif/hemis/Moirenc, Camille: 36/37; laif/Le Figaro Magazine: 52; laif/Le Figaro Magazine/Prignet: 50/51; laif/Marshall, Rebecca: 26; laif/REA/Gelebart, Alexandre: 18; laif/Redux/The New York Times/Haslam, Andy: 77; laif/robertharding/Emmerson, Neil: 6/7; Lookphotos/Wothe, Konrad: 106; mauritius image/Alamy/Gilbert, Jeff: 14; mauritius images/Alamy/niceartphoto: 74; mauritius images/Photononstop: 138; mauritius images/Alamy/WorldPix: 16; Seasons Agency/Jalag/Lanneretonne, Anthony: 22; Shutterstock/Arcachonphoto: 129; Shutterstock/Arthur R.: 73; Shutterstock/Chica, Jon: 141; Shutterstock/Dufek, Adam: 43; Shutterstock/Fesenko, Ievgenii: 66; Shutterstock/FotoMonkey: 79; Shutterstock/Leppens, Daniel: 34; Shutterstock/PHB.cz/Semik, Richard: 102; Shutterstock/Picturereflex: 99; Shutterstock/Prochasson, Frederic: 88; Shutterstock/sh.el.photo: 58; Shutterstock/Staerk, Rolf E.: 23; Shutterstock/Telly: 80; Shutterstock/Trejo, Anibal: 10; Shutterstock/urbanlight: 46; Shutterstock/Vynogradova, Lilyana: 131; Shutterstock/Wodniack, Jef: 8 u.; stock.adobe.com/ArTo: 63; stock.adobe.com/Deborde, Jean-michel: 56; stock.adobe.com/Fabien: 41; stock.adobe.com/minicel73: 32, 81; stock.adobe.com/Pat on stock: 114; stock.adobe.com/PHB.cz: 82; stock.adobe.com/Schmid, Horst: 33; stock.adobe.com/Seybert, Gerhard: 13.

Liebe Leserin, lieber Leser,
wir freuen uns, dass Sie sich für diesen POLYGLOTT on tour entschieden haben.
Unsere Autorinnen und Autoren sind für Sie unterwegs und recherchieren sehr gründlich, damit Sie mit aktuellen und zuverlässigen Informationen auf Reisen gehen können.
Dennoch lassen sich Fehler nie ganz ausschließen. Wir bitten Sie um Verständnis, dass der Verlag dafür keine Haftung übernehmen kann.

Ihre Meinung ist uns wichtig. Bitte schreiben Sie uns:
GRÄFE UND UNZER VERLAG
Postfach 86 03 66, 81630 München, Tel. 0 89 / 419 819 41
www.polyglott.de

LESERSERVICE
polyglott@graefe-und-unzer.de
Tel. 0 800 / 72 37 33 33 (gebührenfrei in D, A, CH), Mo–Do 9–17 Uhr, Fr 9–16 Uhr

1. Auflage 2019

Dieses Buch wurde auf chlorfrei gebleichtem Papier gedruckt.
ISBN 978-3-8464-0441-6

Verlagsleitung: Grit Müller
Verlagsredaktion: Anne-Katrin Scheiter
Autoren: Manfred Braunger, Muriel Brunswig
Redaktion: Anja Lehner
Bildredaktion: Tamara Hansinger
Mini-Dolmetscher: Langenscheidt
Umschlaggestaltung & Layout:
Independent Medien Design, München
Horst Moser (Artdirection), Lucie Heselich
Karten und Pläne: Theiss Heidolph und Kunth Verlag GmbH & Co. KG
Satz: uteweber-grafikdesign
Herstellung: Anna Bäumner, Gloria Schlayer
Druck und Bindung:
Printer Trento, Italien

PEFC
PEFC/18-31-506

GRÄFE UND UNZER

Ein Unternehmen der
GANSKE VERLAGSGRUPPE

MINI-DOLMETSCHER FRANZÖSISCH

ALLGEMEINES

Guten Tag.	Bonjour. [bõ**schur**]
Hallo!	Salut! [ßa**lü**]
Wie geht's?	Ça va? [ßa **wa**]
Danke, gut.	Bien, merci. [bjẽ mär**ßi**]
Ich heiße ...	Je m'appelle ... [schö ma**päll**]
Auf Wiedersehen.	Au revoir. [o rö**woar**]
Morgen	matin [ma**tẽ**]
Nachmittag	après-midi [aprämi**di**]
Abend	soir [ßoar]
Nacht	nuit [nüi]
morgen	demain [dö**mẽ**]
heute	aujourd'hui [oschur**düi**]
gestern	hier [jär]
Sprechen Sie Deutsch?	Parlez-vous allemand? [par**le** wu al**mã**]
Wie bitte?	Pardon? [par**dõ**]
Ich verstehe nicht.	Je ne comprends pas. [schö nö kõ**prã** pa]
Sagen Sie es bitte nochmals.	Pourriez-vous répéter, s'il vous plaît? [pur**je** wu repe**te** ßil wu **plä**]
..., bitte.	..., s'il vous plaît. [ßil wu **plä**]
danke	merci [mär**ßi**]
Keine Ursache.	De rien. [dö **rjẽ**]
was / wer / welcher	quoi / qui / quel [koa / ki / käll]
wo / wohin	où [u]
wie / wie viel	comment / combien [ko**mã** / kõ**bjẽ**]
wann / wie lange	quand / combien de temps [kã / kõ**bjẽ** dö **tã**]
warum	pourquoi [pur**koa**]
Wie heißt das?	Comment ça s'appelle? [ko**mã** ßa ßa**päll**]
Wo ist ...?	Où est ...? [u ä]
Können Sie mir helfen?	Pouvez-vous m'aider? [pu**we** wu mä**de**]
ja	oui [ui]
nein	non [nõ]
Entschuldigen Sie.	Excusez-moi. [äkskü**se moa**]
Das macht nichts.	Ça ne fait rien. [ßa nö fä **rjẽ**]
Gibt es hier eine Touristeninformation?	Est-ce qu'il y a une information touristique ici? [äskil**ja** ün ẽforma**ßjõ** turis**tik** i**ßi**]
Haben Sie einen Stadtplan?	Avez-vous un plan de la ville? [a**we** wus ẽ plã dö la wil]
geschlossen	fermé [fär**me**]

SHOPPING

Wo gibt es ...?	Où est-ce qu'il y a ...? [u äskil**ja**]
Wie viel kostet das?	Ça coûte combien? [ßa kut kõ**bjẽ**]
Das ist zu teuer.	C'est trop cher. [ßä tro **schär**]
Das gefällt mir. / Das gefällt mir nicht.	Ça me plaît. / Ça ne me plaît pas. [ßa mö **plä** / ßa nö mö plä **pa**]
Wo gibt es hier eine Bank?	Où est-ce qu'il y a une banque ici? [u äskil**ja** ün bãk i**ßi**]
Ich suche einen Geldautomaten.	Je cherche un guichet automatique. [schö schärsch ẽ gi**schä** otoma**tik**]
Geben Sie mir 100 g Käse.	Donnez-moi cent grammes de fromage. [do**ne moa** ßã gram dö fro**masch**]
Haben Sie deutsche Zeitungen?	Avez-vous des journaux allemands? [a**we** wus de schur**no** al**mã**]

ESSEN UND TRINKEN

Die Speisekarte, bitte.	La carte, s'il vous plaît. [la **kart** ßil wu **plä**]
Brot	pain [pẽ]
Kaffee	café [ka**fe**]
Tee	thé [te]
mit Milch / Zucker	au lait / sucre [o lä / **ßü**krə]
Orangensaft	jus d'orange [schü do**rãsch**]
Suppe	soupe [ßup]
Fisch / Meeresfrüchte	poisson / fruits de mer [poa**ßõ** / früi dö **mär**]
Fleisch / Geflügel	viande / volaille [wjãd / wo**laj**]
Beilage	garniture [garni**tür**]
vegetarische Gerichte	cuisine végétarienne [küi**sin** weschetar**jänn**]
Eier	œufs [öh]
Salat	salade [ßa**lad**]
Dessert	dessert [de**ßär**]
Obst	fruits [früi]
Eis	glace [glass]
Wein	vin [wẽ]
Bier	bière [bjär]
Aperitif	apéritif [aperi**tif**]
Wasser	eau [o]
Mineralwasser	eau minérale [o mine**ral**]
Limonade	limonade [limo**nad**]
Ich möchte bezahlen.	L'addition, s'il vous plaît. [ladi**ßjõ** ßil wu **plä**]